Jürgen Hesse
Hans Christian Schrader

Die 100 häufigsten Fragen
im Vorstellungsgespräch

Für eine optimale Vorbereitung
in kürzester Zeit

eichborn.exakt

Die Autoren

Jürgen Hesse, Jg. 1951, Diplom-Psychologe im Büro für Berufs-strategie, Geschäftsführer der Telefonseelsorge Berlin e.V.
Hans Christian Schrader, Jg. 1952, Diplom-Psychologe im Kran-kenhaus Am Urban in Berlin.
Div. gemeinsame Veröffentlichungen, u.a.: Die perfekte Bewer-bungsmappe; Testtraining 2000; Die überzeugende schriftliche Be-werbung; Die überzeugende Initiativbewerbung; Neue Bewerbungs-strategien für Führungskräfte; Erfolgsstrategien für Bewerber über 48 (alle im Eichborn Verlag).

Eichborn Verlag AG, Frankfurt am Main, April 1999
Reihenkonzeption: Christina Hucke (Umschlag), Petra Wagner (Layout)
Lektorat und Satz: Dr. Jörg Meidenbauer Verlagsbüro, München
Druck und Bindung; Clausen & Bosse, Leck
ISBN 3-8218-1542-6

Verlagsverzeichnis schickt gern:
Eichborn Verlag, Kaiserstraße 66, D-60329 Frankfurt am Main
www.eichborn.de

INHALT

WENN SIE NUR 10 MINUTEN ZEIT HABEN

Jede Minute beginnt in Deutschland an Werktagen in der Zeit von 8 bis 20 Uhr ein neues Vorstellungsgespräch. Und immer wieder passiert es, daß an sich gut geeignete Kandidatinnen und Kandidaten schlecht vorbereitet in diese für sie wichtige Prüfungssituation gehen, nicht in der Lage sind, auf die typischen von Arbeitsplatz-Anbieterseite gestellten Fragen angemessen zu antworten und scheitern. Sollte Ihnen ein Vorstellungsgespräch bevorstehen – hier der komplette Fragenkatalog für eine effektive und komprimierte Form der Vorbereitung.

... die 10 wichtigsten Arbeitgeber-Fragen in Ihrem Vorstellungsgespräch:

1. Erzählen Sie uns etwas über sich.
2. Warum bewerben Sie sich für diese Position?
3. Warum sind Sie für uns der/die richtige Kandidat/in?
4. Was erwarten Sie für sich/von uns/dem Job?
5. Was sind Ihre Stärken/Schwächen?
6. Was möchten Sie in 3/5/10 Jahren erreicht haben?
7. Warum machen Sie das, was Sie machen (Beruf/ Position/Aufgabe)?
8. Wo liegen Ihre Arbeitsschwerpunkte?
9. Was machen Sie, wenn Sie nicht arbeiten?
10. Welche Fragen haben Sie an uns?

Überblick über die 10 wichtigsten und am häufigsten gestellten Fragen

1. Erzählen Sie uns etwas über sich.

Worum es geht

Achtung! Ein umfassender Persönlichkeits-Check-up, der mit nur einer Frage auskommt. Ein auf den ersten Blick (und unvorbereitet) wirklich schwer zu durchschauender Versuch, Ihre Persönlichkeit zu durchleuchten. Eigentlicher Hintergrund ist die zentrale Frage (auch während des ganzen Gesprächs): Paßt der Bewerber in unser Unternehmen?

Tips

Einerseits haben Sie es hier quasi mit einem Einbruchsversuch in Ihre Privatsphäre zu tun, andererseits aber auch die einmalige Chance, Ihre Botschaft exzellent rüberzubringen. Es liegt an Ihnen, sich auf derartiges gut vorzubereiten. Wichtig: Beginnen Sie bei sogenannten offenen Fragen wie dieser immer erst damit, die berufliche Ebene anzusprechen und später – wenn überhaupt notwendig – die private.

Frage-Varianten

➤ Erzählen Sie uns Ihren Werdegang/Lebenslauf.
➤ Was sollten wir unbedingt über Sie wissen?
➤ Was steht nicht in Ihren Unterlagen, ist aber von Wichtigkeit für uns?

2. Warum bewerben Sie sich für diese Position?

Worum es geht

Diese Frage dient der Überprüfung Ihrer Motivation, Ihres Interesses an der ausgeschriebenen Position. Wie fundiert ist Ihr Engagement, was bewegt Sie wirklich, wie überzeugend sind Sie? Aus welcher Situation heraus bewerben Sie sich? Ist dieser Arbeitsplatz (das Unternehmen/die Aufgabe) erste Wahl oder nur Kompromiß- bzw. sogar Notlösung?

Tips

Auf diese Standardfrage müssen Sie wirklich gut vorbereitet sein, wenigstens 5 Minuten flüssig sprechen können. Es handelt sich hierbei wirklich um eine der wichtigsten und entscheidendsten Fragen im ganzen Gespräch (und zwar unabhängig von Branche, Position, Einkommen).
Bei der Beantwortung darf der Unterhaltungs- und Spannungswert auf keinen Fall zu kurz kommen – was Sie übrigens ganz generell im Vorstellungsgespräch berücksichtigen sollten. Also: Bloß nicht langweilen!

Frage-Varianten

➤ Wie ist es eigentlich zu Ihrer Bewerbung als ... bei unserem Unternehmen/unserer Institution gekommen?

➤ Was reizt Sie an dieser Aufgabe/Position?

➤ Warum wollen Sie gerade bei uns, in unserem Unternehmen/unserer Institution arbeiten?

3. Warum sind Sie für uns der/die richtige Kandidat/in?

Worum es geht
Ein Test zur Selbsteinschätzung und Selbstdarstellung. Wie präsentieren Sie sich? Was sind Ihre Argumente und wie überzeugend wirken Sie?

Tips
Eine wohl überlegte Darlegung ist jetzt gefordert, die Ihre »Verkaufsargumente« in eigener Sache gut auf den Punkt bringt. Glücklich, wer darauf vorbereitet ist.

Frage-Varianten
➤ Warum sollten wir gerade Sie einstellen/uns für Sie entscheiden?
➤ Können Sie uns noch einmal verdeutlichen: Was spricht für und was gegen Sie als unser Kandidat?

4. Was erwarten Sie für sich von uns/dem Job?

Worum es geht

Hintergrund ist die Überprüfung Ihrer Motivation. Wie gut sind Sie vorbereitet, wie realistisch sind Ihre Einschätzungen?

Tips

Sie müssen überzeugend argumentieren, Geduld zeigen, variantenreich darstellen, und dürfen sich nicht in Widersprüche oder simple Wiederholungen verstricken. Sind die von Ihnen angeführten Bewerbungsgründe nachvollziehbar? Machen Sie deutlich, daß Sie sich auf die beruflichen Aufgaben und diesen konkreten potentiellen Arbeitgeber gut vorbereitet haben. Gern gehört werden oft Stichworte wie »Zukunftschancen« und »Image der Firma« – aber vermeiden Sie zu plump klingende Schmeicheleien.

Frage-Varianten

➤ Was reizt Sie an der neuen Aufgabe?

➤ Was erhoffen Sie sich?

5. Was sind Ihre Stärken/Schwächen?

Worum es geht
Wie stellen Sie sich dar? Wie glaubwürdig wirken Sie dabei? Lassen sich vielleicht ungeahnte Schwächen entdecken?

Tips
Sie sollten mit Gelassenheit sowohl die positiven als auch einige harmlose negative Aspekte Ihrer Persönlichkeit darstellen und vertreten (die berufliche Seite zuerst; vielleicht geht der Interviewer schon zur nächsten Frage über, bevor Sie zur Darstellung von natürlich unverfänglichen Schwächen und Mißerfolgen im privaten Bereich kommen).

Überlegen Sie sich genau, welche Offenheit Sie sich bei der Darstellung von Schwächen und Mißerfolgen leisten können. Und vergessen Sie nie: Sie befinden sich weder auf der Couch Ihres Psychoanalytikers noch beim Pfarrer im Beichtstuhl!

Frage-Varianten
➤ Was ist Ihr größter Erfolg/Mißerfolg (beruflich/privat)?
➤ Was war bisher in Ihrem Leben Ihr schlimmstes/schönstes Erlebnis ...
➤ ... Ihre schlimmste Niederlage/Ihr schönster Triumph?
➤ Worauf sind Sie stolz/worüber eher beschämt?

6. Was möchten Sie in 3/5/10 Jahren erreicht haben?

Worum es geht
Um Leistungsbereitschaft und Motivation, um »Biß«, »Drive«, »visionäre Begabung« – oder schlicht um Ihre Zukunftsplanung.

Tips
Sprechen Sie zunächst ausschließlich über Ihre beruflichen Perspektiven. Als leistungsmotivierter Mitarbeiter sind Sie zuversichtlich, was Ihren beruflichen Werdegang anbetrifft. Aber: Exponieren Sie sich nicht zu sehr, damit man vor Ihnen keine Konkurrenzangst bekommt und glaubt, Sie würden gleich die Säge am Stuhl Ihres Chefs/Vorgesetzten ansetzen ...

Frage-Varianten
➤ Wie sehen Sie Ihre Zukunft?
➤ Was sind Ihre Ziele?

7. Warum machen Sie das, was Sie machen (Beruf/Position/Aufgabe)?

Worum es geht

Herrscht bei Ihnen Planung oder Zufall? Ist ein roter Faden bei Ihren Motiven für die Berufs- und Arbeitsplatzwahl und einem eventuell vollzogenen bzw. jetzt angestrebten Positionswechsel erkennbar?

Tips

Was Sie in Ihren Bewerbungsunterlagen kunstvoll zu Papier gebracht haben, müssen Sie jetzt überzeugend und gegebenenfalls auch ausführlich darstellen und begründen können. Wichtig ist dabei die Präsentation eines logischen Zusammenhangs zwischen einzelnen beruflichen Stationen. Mit dem Hinweis »Aber das steht doch bereits alles schon in meinen Unterlagen!« machen Sie Minuspunkte. Verstehen Sie die Frage als Aufforderung und damit als Chance für Ihre Werbebotschaft.

Frage-Varianten

➤ Wie verlief Ihr bisheriger Berufsweg?

➤ Aus welchen Gründen haben Sie sich für den Beruf/die Branche/die Arbeitsplätze X, Y und Z entschieden?

➤ Und warum jetzt für diese neue Position in unserem Haus?

8. Wo liegen Ihre Arbeitsschwerpunkte?

Worum es geht

Wie kompetent und übersichtlich strukturiert können Sie Ihr Arbeitsgebiet und Ihre Arbeitsleistung darstellen? Auch die Art und Weise Ihres Vortrags wird an dieser Stelle mitbewertet.

Tips

Ohne präzise Vorbereitung wird man mit dieser Frage kaum erfolgreich zurechtkommen. Einerseits geht es darum, nicht blaß-nichtssagend an der Oberfläche zu bleiben, andererseits darf man sich nicht in unwichtig-nebensächlichen Details verlieren oder gar in Problematisches verstricken. Eine schmale Gratwanderung, bei der es einen Mittelweg zwischen dem Ausplaudern von Firmeninterna bis Betriebsgeheimnissen einerseits und dem Vermeiden von Allgemeinplätzen einzuhalten gilt.

Frage-Varianten

➤ Was machen Sie aktuell?

➤ Was für Probleme müssen Sie arbeits-/organisationstechnisch bewältigen?

➤ Auf welchem Sektor lag Ihr Ausbildungs-/Studienschwerpunkt?

9. Was machen Sie, wenn Sie nicht arbeiten/ in Ihrer Freizeit?

Worum es geht

Hintergrund ist das Kennenlernen der »ganzen Person«, Ihres Interessenspektrums, von Besonderheiten, Hobbys, kulturellen Aktivitäten und Neigungen (z.B. Lesen – Kant oder Konsalik?). Aber auch soziales und/oder ehrenamtliches Engagement ist von Interesse, wie auch politische, gewerkschaftliche oder kirchliche Ämter. Denken Sie auch an Ihre körperliche Fitneß (Tennis oder Tischtennis?).

Tips

Die Beantwortung sollten Sie nicht dem Zufall überlassen. Die Antwort »Polospielen« macht einen anderen Eindruck als die Beschäftigung mit Briefmarken. (Vorsicht beim Bluffen – auf detaillierte Nachfragen vorbereitet sein!). Sehr viel Sport ist leider wegen der begrenzten Freizeit nicht möglich, aber zu Ihrem Körper haben Sie natürlich ein gesundes Verhältnis. Vorsicht bei Risikosportarten wie z.B. Drachenfliegen.

Frage-Varianten:

➤ Wir wollen Sie als Mensch kennenlernen. Was machen Sie neben Ihrer Berufstätigkeit?

➤ Welche Interessen, welche Hobbys haben Sie?

➤ Welche Sportarten betreiben Sie?

10. Welche Fragen haben Sie an uns?

Worum es geht

In jedem Vorstellungsgespräch gibt es einen programmierten Rollenwechsel, in der Art, daß Sie als Bewerber nun Fragen stellen dürfen, die Ihr Gesprächspartner beantworten wird. An den klugen Fragen erkennt man einen klugen Kopf, einen motivierten und kompetenten Bewerber. Was Sie jetzt wissen wollen, wird hinterfragt, auf Sinngehalt und aktives Interesse hin überprüft.

Tips

Sollten Sie mit Themen auffallen, die Sie eigentlich im Vorfeld hätten klären können oder durch aufmerksames Zuhören an einer anderen Stelle des Gesprächs längst hätten speichern müssen, erzielen Sie einen negativen Effekt. Machen Sie deutlich, daß Sie sich vorbereitet haben. Anregungen für Beispielfragen finden Sie auf S. 121f.

Frage-Variante

➤ Was möchten Sie von/über uns wissen?

Überblick – die Phasen des Vorstellungsgesprächs

Jetzt kennen Sie bereits die allerwichtigsten Fragen eines jeden Vorstellungsgesprächs und können dazu mit Hilfe unserer Hinweise Ihre ganz persönliche Antwortstrategie entwickeln. Mit an Sicherheit grenzender Wahrscheinlichkeit werden mindestens sieben dieser wichtigen Fragen auf Sie zukommen.

Wie können Sie sich weiter vorbereiten? Die folgende Übersicht verdeutlicht, welche Stationen in einem Vorstellungsgespräch im einzelnen durchlaufen werden.

Neben Begrüßung und Verabschiedung können acht thematische Phasen unterschieden werden:

A. **Ihre Bewerbungs- und Leistungsmotivation**
B. **Beruflicher Werdegang und aktuelle Arbeitssituation**
C. **Persönlicher, familiärer und sozialer Hintergrund**
D. **Ihr Gesundheitszustand**
E. **Berufliche Kompetenz und Eignung**
F. **Informationen für Sie als Bewerber**
G. **Arbeitskonditionen**
H. **Ihre Fragen**

ZUM UMGANG MIT DIESEM BUCH

Die 10 wichtigsten Fragen kennen Sie bereits. Sie tauchen in dem jetzt folgenden Katatalog der 100 wichtigsten und am häufigsten im Vorstellungsgespräch gestellten Fragen noch einmal auf. Dafür haben wir sie auch durch drei Sterne besonders gekennzeichnet.

Von diesen 10 wichtigsten Fragen kommen mindestens 7 in jedem Gespräch vor, das bedeutet im Durchschnitt, daß ein gutes Drittel aller Fragen in Ihrem entscheidenden Vorstellungsgespräch Ihnen durch diese Vorbereitung bereits bekannt ist. Übrigens: Die 11. Frage wäre:»Welche Gehaltsvorstellung haben Sie?« Ein Thema, zu dem Sie sich bereits vorab Gedanken machen müssen.

Da im Durchschnitt ein Vorstellungsgespräch auf eine bis anderthalb Stunden begrenzt ist (Führungskräfte müssen schon mit zwei und mehr Stunden rechnen, für einfache Jobs reicht manchmal auch eine halbe bis dreiviertel Stunde) ist die Anzahl der Ihnen gestellten Fragen je nach Temperament des Fragestellers auf etwa 10 bis maximal etwa 25 bis 30 begrenzt. Jetzt erkennen Sie, wieviel Sie bereits durch die 10 wichtigsten Fragen abgedeckt haben.

Wie Sie oben lesen konnten, erläutern wir zu jeder Frage unter der Überschrift **Worum es geht** den auf den ersten Blick oftmals nicht sichtbaren Fragehintergrund.

Mit *Tips* versuchen wir aufzuzeigen, worauf es ankommt, wenn Sie Ihre eigene, inividuelle Antwort formulieren (dazu läßt sich auch der freie Platz auf den Seiten hervorragend nutzen).
Mit den *Frage-Varianten* möchten wir andeuten, in welchen Abwandlungen das prinzipiell gleiche Thema formuliert werden kann.

Jetzt noch ein Hinweis zu unserer Bewertung der Fragen bezüglich ihrer Wichtigkeit und Häufigkeit:

***	=	absolut wichtig und sehr häufig (gehört in die Kategorie der 10 wichtigsten Fragen, s. S. 6ff)
**	=	sehr wichtig und häufig eingesetzt
*	=	wichtig, öfter eingesetzt
(ohne)	=	von Bedeutung, gelegentlich eingesetzt

In Zahlen ausgedrückt haben wir
11 absolut wichtige und sehr häufig eingesetzte Fragen ***,
14 sehr wichtige und häufig eingesetzte Fragen ** und
25 wichtige und öfter eingesetzte *.
Diese insgesamt 50 Fragen sind in ihrer Bedeutung also höher einzuschätzen als die restlichen 50 Fragen ohne Stern und sollten für Sie bei der Vorbereitung natürlich Priorität haben.

DIE 100 HÄUFIGSTEN FRAGEN IM VORSTELLUNGSGESPRÄCH

Begrüßung und Einleitung des Gesprächs

Bevor es zu dem typischen Frage-und-Antwort-Spiel kommt, wird das Vorstellungsgespräch durch Small talk eingeleitet.
Es geht hier um den berühmten ersten Eindruck, für den Sie keine zweite Chance bekommen. Nutzen Sie also die ersten Minuten dieser Begegnungssituation, um Sympathie entstehen zu lassen.
Versuchen Sie, gelassen und (einigermaßen) selbstsicher zu erscheinen. Vermeiden Sie es, abgehetzt, angespannt und nervös zu wirken. Lächeln Sie Ihr Gegenüber freundlich an, halten Sie Blickkontakt.
Stellen Sie sich – falls Ihr Name noch nicht gefallen ist – deutlich, aber in angemessener Lautstärke vor. Merken Sie sich die Namen Ihres oder (das ist schon schwerer) Ihrer Gesprächspartner. Dies dient dazu, Ihr(e) Gegenüber ganz direkt namentlich ansprechen zu können.
Es geht in dieser allerersten Phase um die direkte persönliche Kontaktaufnahme, um Ihr Äußeres, Ihr Auftreten und Ihre Umgangsformen.
Kommen Sie pünktlich oder auf die letzte Minute? Wirken Sie gehetzt, ängstlich-nervös oder ruhig, natürlich und gelassen – ohne übertriebene Selbstsicherheit, »Wurschtigkeit« oder sogar Arroganz? Sind Sie anpassungsfähig – vor allem aber: Machen Sie einen sympathischen (ersten) Eindruck?

Ein zu kräftiger Händedruck (Marke »Knochenbrecher«) oder verschämte Laschheit (»tote Hasenpfote«) erzeugen wenig Sympathie in den ersten wichtigen Sekunden dieser für Sie bedeutsamen Begegnung mit Ihrem potentiellen Arbeitgeber. Das Abwischen der schweißfeuchten Hand an Rock oder Hose wirkt absolut peinlich. Der verschämte Blick nach unten oder an die Decke, der enttäuscht-verkrampfte Gesichtsausdruck, weil der Gesprächspartner nicht Ihren Erwartungen entspricht (zu jung, zu alt, einfach nicht Ihr Typ) könnte folgenschwer auf Sie selbst zurückfallen und die Weichen gänzlich falsch stellen (aufs Abstellgleis).

Und jetzt zu den 100 wichtigsten Fragen im Vorstellungsgespräch. Auch wenn nur – je nach Länge des Gesprächs – ein Bruchteil davon zum Einsatz kommt, Sie wissen nach der Lektüre des Buches Bescheid und sind vorbereitet.

A. BEWERBUNGSMOTIVE UND LEISTUNGSMOTIVATION

1 Warum haben Sie sich bei uns für diese Position beworben? *** (s. S. 18)

Worum es geht

Thema ist die Überprüfung Ihrer Motivation, Ihres Interesses. Wie fundiert ist beides? Was bewegt Sie wirklich? Aus welcher Situation heraus bewerben Sie sich? Ist dieser Arbeitsplatz (das Unternehmen/die Aufgabe) erste Wahl oder nur Kompromiß- bzw. sogar Notlösung? Wie sind Image und Stellenwert des potentiellen Arbeitgebers bei Ihnen gewichtet? Wissen Sie den eventuellen neuen Arbeitgeber zu schätzen?

Tips

Auf diese Standardfrage und ihre Varianten (s.u.) müssen Sie wirklich gut vorbereitet sein, wenigstens 5 Minuten flüssig sprechen können. Es handelt sich hierbei um die wichtigsten, entscheidendsten Fragen und Themen im ganzen Gespräch! Dabei darf der Unterhaltungs- und Spannungswert auf keinen Fall zu kurz kommen, was Sie übrigens ganz generell bei Ihren Antworten berücksichtigen sollten. Langweilen Sie bloß nicht!

Frage-Varianten

➤ Wie ist es eigentlich zu Ihrer Bewerbung als ... bei unserem Unternehmen/unserer Institution gekommen?

➤ Was reizt Sie an dieser Aufgabe/Position?

➤ Warum wollen Sie gerade bei uns, in unserem Unternehmen/unserer Institution arbeiten?

2 Warum haben Sie vor, den Arbeitsplatz zu wechseln? **

Worum es geht

... weiterhin um die Motive Ihrer Bewerbung, um die Ausleuchtung Ihrer Ausgangs- und Hintergrundsituation. Sind Sie in einer beruflichen/persönlichen Drucksituation, und wenn ja, warum? Wie hoch ist der Grad ihrer Unzufriedenheit, und wodurch ist diese bedingt?

Tips

Wie begründen Sie den Wunsch nach einem Arbeitsplatzwechsel oder einem Neu- bzw. Wiedereinstieg? Hier muß Ihnen eine plausibel klingende, überzeugende Argumentation gelingen. Verlieren Sie sich nicht in Details, beklagen Sie sich auf keinen Fall über Ihren jetzigen bzw. über frühere Arbeitgeber/Vorgesetzte oder über Ihre Aufgabenbereiche.

Gern wird gehört: Man will vorankommen, die neue Aufgabe wird als Herausforderung betrachtet, ist reizvoll, man möchte es sich und anderen beweisen (was übrigens die nächste Frage provoziert).

Frage-Varianten

➤ Weshalb wollen Sie Ihre jetzige Tätigkeit/Position aufgeben?

➤ Warum haben Sie Ihren letzten Arbeitsplatz aufgegeben/verloren etc.?

➤ Warum haben Sie in Ihrer jetzigen Firma/Institution keine Veränderungsmöglichkeiten/Aufstiegschancen (warum diese Sackgasse)?

➤ Was sind die Gründe für Ihre Unzufriedenheit?

3 Was erwarten Sie für sich/von uns/ dem Job? ***

Worum es geht
Hintergrund ist die Überprüfung Ihrer Motivation. Wie gut sind Sie vorbereitet, wie realistisch sind Ihre Einschätzungen?

Tips
Sie müssen überzeugend argumentieren, Geduld zeigen, variantenreich darstellen, und dürfen sich nicht in Widersprüche oder simple Wiederholungen verstricken. Sind die von Ihnen angeführten Bewerbungsgründe nachvollziehbar? Machen Sie deutlich, daß Sie sich auf die beruflichen Aufgaben und diesen konkreten potentiellen Arbeitgeber gut vorbereitet haben. Oft gern gehört werden Stichworte wie »Zukunftschancen« und »Image der Firma« – aber vermeiden Sie zu plump klingende Schmeicheleien.

Frage-Varianten
➤ Was reizt Sie an der neuen Aufgabe?
➤ Was erhoffen Sie sich?

4 Was sind Ihre Erwartungen/Pläne/ Hoffnungen?

Worum es geht

Um die Fortführung Ihrer Motivationsprüfung. Wie gut sind Sie vorbereitet, wie realistisch sind Ihre Einschätzungen?

Tips

Wieder müssen Sie überzeugend vortragen, Geduld zeigen, variantenreich argumentieren und sich nicht in Widersprüche oder simple Wiederholungen verstricken. Sind die von Ihnen angeführten Bewerbungsgründe nachvollziehbar? Machen Sie deutlich, daß Sie sich auf die beruflichen Aufgaben und den potentiellen Arbeitgeber gut vorbereitet haben. Abermals: Gern gehört sind Stichworte wie »Zukunftschancen« und »Image der Firma« – aber vermeiden Sie (wie immer) zu plumpe Schmeicheleien.

Frage-Varianten

➤ Was reizt Sie an der neuen Aufgabe?

➤ Was erwarten Sie speziell von uns, was erhoffen Sie sich?

5 Was hat Ihnen bisher an Ihrer Aufgabe/ Position gefallen, was mißfallen und warum? **

Worum es geht

... ist die Sorge, daß Sie Ihre eventuell bestehende Unzufriedenheit quasi als chronische Erkrankung mit an den neuen Arbeitsplatz bringen und daß somit nicht objektive, sondern negativ-subjektive Gründe den gewünschten Wechsel bedingen.

Tips

Selbstverständlich üben Sie Ihre jetzige berufliche Tätigkeit gerne aus, identifizieren sich mit Ihrem Beruf. Einerseits möchte man Sie (ab-)werben, andererseits hat man Angst, daß sich hinter Ihrer Wechselbereitschaft eventuell unangenehme Überraschungen auch für den potentiellen neuen Arbeitgeber und Arbeitsplatz verbergen. Es geht um die Befürchtung des Arbeitgebers, sich durch Sie eine Art Kuckucksei ins Nest zu holen.

Schildern Sie Ihre jetzigen Aufgaben zu negativ, wird man an Ihnen zweifeln, bei zu positiver Darstellung wirkt Ihr Wunsch nach einem Arbeitsplatzwechsel unglaubwürdig. Ein Ausweg aus diesem Dilemma ist die plausible Darstellung, worin die Verbesserung durch den Wechsel oder Neustart/Wiedereinstieg für Sie besteht.

Frage-Varianten

➤ Üben Sie Ihre jetzige berufliche Tätigkeit gerne aus?
➤ Was, glauben Sie, ist bei uns anders?

6 Wie lange tragen Sie sich schon mit dem Gedanken, den Arbeitsplatz zu wechseln?

Worum es geht

Sind Sie ein frustrierter und zusätzlich zögerlicher Zauderer, der sich schon seit Jahren, Monaten mit Wechselgedanken rumquält, oder sind Sie frustriert und ein Hitzkopf, der aus Ärger spontan auf und davon will? Es geht um Ihre Frustrationstoleranz: wie ausgeprägt ist diese?

Tips

Je nach Position und Verweildauer beim jetzigen Arbeitgeber können Sie sich mehr oder weniger Zeit der Wechselgedanken zugestehen. Möglich wäre auch, zu sagen, daß die attraktive Beschreibung des neuen Aufgabenfeldes (z.B. in der Stellenanzeige) in Ihnen diesen Wunsch erst hat richtig aufkommen lassen.

Frage-Varianten

➤ Sind Sie spontan auf die Idee gekommen, den Arbeitsplatz zu wechseln?

➤ Wie lange können Sie sich noch vorstellen, in der momentanen Position/Situation zu verbleiben?

7 Wie gut kennen Sie uns bereits, ... unsere Produktion/Marktposition/ Dienstleistungen usw. ? **

Worum es geht

Eine weitere konkrete Frage zur Überprüfung der Qualität Ihrer Vorbereitung auf das Vorstellungsgespräch bei *diesem* potentiellen Arbeitgeber. Wie überzeugend und kenntnisreich ist Ihre Darstellung? Wie ziehen Sie sich auch bei unangenehmen Fragen aus der Affäre?

Tips

Bei guter Vorbereitung haben Sie einiges über das Unternehmen/die Institution in Erfahrung gebracht und machen jetzt bei den Fragen zu diesem Punkt einen kompetenten Eindruck. Das darf Sie aber nicht dazu verleiten, sich bei der Frage-Variante, wie Sie sich die Tätigkeit beim neuen Arbeitgeber vorstellen, zu sehr zu exponieren. Es ist eigentlich Sache Ihres Gesprächspartners, Ihnen eine Arbeitsplatzbeschreibung zu geben. Hier besteht ganz leicht die Gefahr, daß Sie sich »vergaloppieren« und als notorischer Besser- oder Alleswisser unangenehm auffallen.

Frage-Varianten

➤ Woher ist Ihnen unser Unternehmen/unsere Institution bekannt?

➤ Wie stellen Sie sich Ihre Tätigkeit bei uns vor?

8 Haben Sie einen besonderen (persönlichen) Bezug zu unserem Unternehmen?

Worum es geht
Welche Wertschätzung bringen Sie Ihrem potentiellen Arbeitgeber entgegen? Woher beziehen Sie Ihre Informationen? Wissen Sie, was man wie sagt und was man lieber für sich behält?

Tips
Ein persönlicher Bezug zum Unternehmen kann von Vorteil sein. Wenn Sie sich auf diese Frage vorbereitet haben und die Auskunft glaubwürdig klingt, sammeln Sie Pluspunkte. Lassen Sie sich nicht dazu verleiten, eventuelle Kenntnisse aus der internen Firmen-Gerüchteküche auszuplaudern. Wenn Sie angeben möchten, jemanden aus dem Unternehmen zu kennen, sollten Sie einschätzen können, wie deren/dessen Position und Ansehen ist.

Frage-Varianten
➤ Kennen Sie Mitarbeiter aus unserem Haus?
➤ Was haben die Ihnen denn so alles über uns erzählt?

9 Haben Sie zur Zeit noch andere Bewerbungsverfahren laufen? *

Worum es geht

Um die Ernsthaftigkeit Ihres Arbeitsplatzwechsel-Wunsches, um die Frage, wieviel Druck hinter diesem Anliegen steckt. Aber auch die besondere Wertschätzung gegenüber dem potentiellen Arbeitgeber soll mit diesen Fragen erforscht werden. Ist diese Firma/Institution erste Wahl, oder rangiert sie irgendwo unter »ferner liefen«? Setzen Sie alles auf eine Karte, oder haben Sie – aus welchem Druck und Antrieb auch immer – eine Vielzahl von Bewerbungsschreiben »ausgestreut«?

Tips

Wie hoch ist Ihre Identifikation mit dem jetzt gerade ablaufenden Bewerbungsverfahren? Also: Kein Wort über eventuell Absagen und Fehlschläge und besser nichts über parallele Verhandlungen, es sei denn, Sie haben ein ganz konkretes Angebot, das für Sie ernsthaft in Betracht kommt. Gefahr: Sie wirken unglaubwürdig bis erpresserisch und vermasseln sich Ihre Chancen.

Frage-Varianten

➤ Gibt es schon konkrete Verhandlungen bzw. Ergebnisse?
➤ Haben Sie in der letzten Zeit bereits Vorstellungsgespräche im Rahmen von Bewerbungen für vergleichbare Positionen geführt?

10 Was ist für Sie der schwierigste Aspekt bei der Jobsuche?

Worum es geht
Diese Frage ist dazu angetan, Schwachstellen in Ihrem Selbstwertgefühl und -bewußtsein zu offenbaren.

Tips
Also Vorsicht bei leichtfertigen Offenbarungen, wie schwer Sie sich bei einer Bewerbung tun, egal womit (ob schriftlich, mündlich, am Telefon usw.). Der schwierigste Aspekt könnte vielleicht darin bestehen, Ihrem alten netten Arbeitgeber sagen zu müssen, daß Sie ihn verlassen werden. Aber ob man Ihnen das abnimmt? Sie können natürlich auch sehr selbstbewußt antworten, daß die Entscheidung zwischen Jobangebot A und B Ihnen am schwierigsten erscheint. Aber seien Sie vorsichtig – das kann auch Sympathiepunkte kosten.

Frage-Variante
➤ Mit welchen Problemen haben Sie sich bei der Arbeitsplatzsuche konfrontiert gesehen?

11 Wie haben Sie sich auf das Bewerbungsverfahren vorbereitet?

Worum es geht
Sind Sie wirklich ein Idiot – oder ein Lügner, wenn Sie auf die Frage, ob Sie sich vorbereitet haben, mit Nein antworten? Und bei Ja will man wissen, wie.

Tips
Was und wieviel Sie erzählen, bestimmen Sie selbst, aber ein planvoller Mensch geht überlegt und strategisch vor. Eine Vorbereitung ist also keine Schande, sondern zeichnet Sie eher als motivierten Bewerber und klugen Kopf aus.

Frage-Varianten
➤ Haben Sie bei Ihrem Bewerbungsvorhaben Unterstützung erhalten/Hilfe in Anspruch genommen?
➤ Haben Sie sich für diese Bewerbung von einem Karriereberater professionell beraten lassen?

12 Was bewog Sie im Jahre 19.., den Arbeitsplatz zu wechseln? *

Worum es geht
Wechseln bzw. wechselten Sie in Frieden oder Unfrieden? Gibt es bei Ihnen sich wiederholende Motive, die Sie zum Arbeitsplatzwechsel veranlassen? Spielen dabei in Ihrer Person begründete Probleme eine Rolle (vor denen man sich aus Arbeitgebersicht bewahren möchte)?

Tips
Seien Sie darauf vorbereitet, (auch frühere) Arbeitsplatzwechsel plausibel darstellen zu können. Schuldzuweisungen kommen immer extrem schlecht an, diese addieren sich letztlich nur auf dem Negativkonto der Person, die sie ausspricht. Wenn es keine oder sehr wenige Arbeitsplatzwechsel bisher bei Ihnen gab (Frage-Variante), müssen Sie auch dies erklären. Vermeiden Sie unter allen Umständen Tiraden von Selbstanklagen und Entschuldigungen.

Frage-Variante
➤ Warum haben Sie bisher nicht (oder selten) Ihren Arbeitsplatz gewechselt?

13 Wie stellen Sie sich (im Idealfall) Ihre Arbeit, Aufgaben bei uns vor? *

Worum es geht

Wie intensiv haben Sie diese Themen bereits durchdacht? Wie realistisch sind Ihre Einschätzungen? Was für eine »Arbeits-Persönlichkeit« sind Sie? Wie präsentieren Sie sich? Welche Persönlichkeitsmerkmale zeigen Sie bzw. lassen Sie erkennen? Welche Prognose für Ihre Leistungsmotivation kann man bei Ihnen aufgrund Ihrer Antworten wagen?

Tips

Stellen Sie sich geschickt an im Umgang mit schwierigen, weil komplexen Themen? Empfehlung: Nicht in Details verlieren, nicht zu sehr »Überflieger« sein. Das realistische Mittelmaß – aber nicht zu glatt! – wird honoriert. Wer hier in ein 20minütiges Referat verfällt oder Extrempositionen vertritt, ist »out«.

Frage-Varianten

➤ Was sind – aus Ihrer Sicht – die Vor- und Nachteile der von uns angebotenen Position, und wie wollen Sie damit umgehen?

➤ Was hat für Sie Priorität bei Ihrer Arbeit?

14 Auf welche Ihrer beruflichen Leistungen und Erfolge sind Sie besonders stolz? Und jetzt zu Ihren Mißerfolgen ... **

Worum es geht
Was haben Sie als Leistungsnachweis anzubieten? Nebenbei wieder einmal: Wie gehen Sie mit heiklen Fragen um?

Tips
Ihr mögliches Erschrecken beim Lesen dieser Frage (»Mein Gott, was würde ich denn darauf antworten?«) dokumentiert noch einmal die Sinnhaftigkeit einer guten Vorbereitung. Sie erspart das Schockiertsein mit nachfolgendem Stammeln oder Verplappern in der Realsituation Vorstellungsgespräch.

An Ihren Erfolgen und besonders an den von Ihnen eingestandenen Mißerfolgen werden Sie gemessen. Wer keine Mißerfolge zu berichten weiß, macht sich extrem verdächtig, und wer eingesteht, ein »Millionending« in den Sand gesetzt zu haben, »outet« sich selbst. Während man bei den Erfolgsberichten etwas großzügiger (aber nicht unglaubwürdig) sein darf – insbesondere die Teamleistung sollte hervorgehoben werden – gilt es bei den Mißerfolgen, eher bei sich selbst zu bleiben (Ich ...), ohne jedoch wirklich gravierende, irreparable Schäden zu berichten. Die Analyse Ihrer Erfolgs- und Mißerfolgsberichte läßt viele Rückschlüsse auf Sie als potentiellen Mitarbeiter zu.

Frage-Varianten
➤ Was sind Ihre (beruflichen) Highlights/Schwachpunkte?
➤ Mit welchen Schwierigkeiten hatten Sie sich auseinanderzusetzen?
➤ Welche (beruflichen) Siege/welche Niederlagen haben Sie zu verzeichnen?

15 Was möchten Sie in 3/5/10 Jahren erreicht haben? ***

Worum es geht

Um Leistungsbereitschaft und Motivation, um »Biß«, »Drive«, »visionäre Begabung« – oder schlicht um Ihre Zukunftsplanung.

Tips

Sprechen Sie zunächst ausschließlich über Ihre beruflichen Perspektiven. Als leistungsmotivierter Mitarbeiter sind Sie zuversichtlich, was Ihren beruflichen Werdegang anbetrifft. Aber: Exponieren Sie sich nicht zu sehr, damit man vor Ihnen keine Konkurrenzangst bekommt und glaubt, Sie würden gleich die Säge am Stuhl Ihres Chefs/Vorgesetzten ansetzen ...

Frage-Varianten

➤ Wie sehen Sie Ihre Zukunft?
➤ Was sind Ihre Ziele?

16 Was sind Ihre Ziele? *

Worum es geht

Wieder geht es um Leistungsbereitschaft und Motivation, um »Biß«, »Drive«, »visionäre Begabung« oder schlicht um Ihre Zukunftsplanung.

Tips

Hier behandeln Sie natürlich zunächst ausschließlich Ihre beruflichen Perspektiven. Als leistungsmotivierter Mitarbeiter sind Sie zuversichtlich, was Ihren beruflichen Werdegang anbetrifft. Aber aufgepaßt: Exponieren Sie sich nicht zu sehr, damit man vor Ihnen keine Konkurrenzangst bekommt und glaubt, Sie würden gleich die Säge am Stuhl Ihres Chefs/Vorgesetzten ansetzen ...

Frage-Varianten

➤ Wie sehen Sie Ihre Zukunft?

➤ Was möchten Sie in drei und was in fünf Jahren erreicht haben?

17 Was glauben Sie: Wie schnell werden Sie zum Erfolg unseres Unternehmens beitragen können?

Worum es geht

Ein Test Ihres Selbstbewußtseins: Verfügen Sie über ein angemessenes berufliches Selbstwertgefühl oder ist dieses in der einen oder anderen Richtung negativ übersteigert? Auch: Wie gut haben Sie sich auf das Gespräch und die spezifische Firmen- bzw. Unternehmenssituation vorbereitet? Was für ein Angebot können Sie in Aussicht stellen und wie verlockend ist es?

Tips

Wiederum: Bereiten Sie sich auf dieses konkrete Vorstellungsgespräch so gut wie möglich vor, so daß Sie über aktuelle Trends/Entwicklungen/Probleme der Firma/der Institution Bescheid wissen und formulieren Sie ein entsprechend realistisches Angebot. Wer androht, den ganzen Laden in kürzester Zeit umzukrempeln oder auf diese Frage nur ratlos mit den Schultern zuckt, empfiehlt sich nicht.

Frage-Varianten

➤ Was glauben Sie: Wie lange brauchen Sie für die Einarbeitung?

➤ Wann werden Sie für uns profitabel arbeiten können?

18 Wie arbeiten Sie unter Streß?

Worum es geht

Wie beantworten Sie eine schwierige, nahezu heikle Frage ohne in Selbstanpreisungen oder in Wehklagen zu verfallen? Weniger der objektive Sachverhalt als wieder mal der verbale Umgang stehen für den Interviewer im Vordergrund.

Tips

Nerven behalten, keine größeren Anzeichen von Unsicherheit zeigen, auf gar keinen Fall Geständnisse ablegen. Etwa so: Streß kann Sie beflügeln, aber Sie bevorzugen eine effiziente Terminplanung und geraten dadurch nicht so häufig in Drucksituationen.

Frage-Varianten

➤ Wie kommen Sie unter starkem Zeitdruck zurecht?
➤ Wie effizient ist Ihre Zeit- und Arbeitsorganisation?
➤ Wie sieht Ihr Zeit-Management aus?

19 Welche Arten von Situationen belasten/ deprimieren/frustrieren Sie?

Worum es geht

Immer wieder das gleiche. Was erzählen Sie und wie gehen Sie mit diesen unbequemen Fragen um?

Tips

Sicherlich wird man ohne Ahnung und Vorbereitung diese Art der tiefenpsychologischen (Kriegs-)Interviewführung irgendwann nicht mehr so ganz unbeschadet überstehen. Das heißt: Sie kommen ins Plaudern und geben möglicherweise ein nicht so brillantes Bild ab. Erste und ernste Gefahr: Sie erzählen munter drauflos, was Ihnen so gerade spontan einfällt. Wenn das z.B. eine nicht-berufliche Situation ist, in der Sie sich nicht angemessen wertgeschätzt und mißverstanden fühlten usw., wird man entsprechende Rückschlüsse ziehen (»schwieriger Mensch« usw.).

Frage-Varianten

➤ Was läßt bei Ihnen ein richtiges Gefühl des Unwohlseins aufkommen?

➤ Was macht Ihnen Sorge/Angst? Was ist Ihnen ein Horror?

20 Wie würden Sie Ihren Arbeitsstil beschreiben? *

Worum es geht

Der Fragehintergrund scheint klar: Teile mir etwas über deinen Arbeitsstil mit, und ich sage dir, ob Du zu uns paßt oder nicht. Wie beschreiben Sie sich in einem zentralen Persönlichkeitsaspekt?

Tips

Vermeiden Sie stellenanzeigenübliche und deshalb individuell wenig aussagekräftige Formulierungen wie »dynamisch-erfolgsorientiert« etc. bla bla. Überlegen Sie mal selbst, jetzt ist noch Zeit, etwa so: Der Blick für das Wesentliche auch in terminlichen Drucksituationen, gepaart mit dem notwendigen Maß an Präzision ...

Frage-Varianten

➤ Wie organisieren Sie Ihren Arbeitsalltag?

➤ Wie gehen Sie im einzelnen an Arbeitsaufgaben heran?

21 Was bedeutet Arbeit für Sie?

Worum es geht

Eine große philosophische Frage, die Ihnen viel Raum zur Selbstdarstellung läßt, vorausgesetzt, Sie haben sich darauf vorbereitet. Vielleicht ist es weniger wichtig, was Sie sagen, als vielmehr, wie Sie es sagen.

Tips

Die fünf Hauptworte des Lebens sind Liebe, Arbeit, Gesundheit, Geld und Tod (um einmal Hesse/Schrader hier zu zitieren – vgl. unser Buch VERDIENEN SIE SOVIEL, WIE SIE VERDIENEN? ÜBER GELD, GELTUNG UND GERECHTIGKEIT, Eichborn Verlag). Ansonsten erinnern Sie sich vielleicht noch an die Formel *ora et labora* oder an Sigmund Freuds Abwandlung dieser Sentenz in *lieben und arbeiten* (seine Antwort auf die Frage, was ein normaler Mensch können müsse).

Frage-Varianten

➤ Was bedeutet ... (Geld/Erfolg/Selbstverwirklichung) für Sie?
➤ Was ist der Sinn Ihrer Arbeit?

22 Wenn die Firmensituation es erfordert: Wären Sie auch bereit, in eine andere Stadt/in ein anderes Land umzuziehen? *

Worum es geht

Es geht um Loyalität, und geben Sie wenigstens auf so eine Suggestivfrage eine halbwegs loyale Antwort. Zusätzlich kommt noch die Flexibilität ins Spiel, vielleicht auch nur die geistige.

Tips

Wer hier zögert, zaudert, stottert, macht genauso einen blöden Eindruck, wie der sofortige unterwürfige Hurra-Schreier. Also fragen Sie nach, in welche geographische Richtung es geht, um dann beruhigt festzustellen, daß das natürlich für Sie besondere Reize beinhaltet.

Frage-Variante

➤ Würden Sie bei uns auch eine andere Aufgabe übernehmen, wenn es die Situation erfordert?

23 Sind Sie eher an einem zeitlich befristeten oder an einem dauerhaften Arbeitsverhältnis interessiert?

Worum es geht

Ein Test auf Ihre Reaktionsweise, was für einen Gesichtsausdruck lassen Sie zu?

Tips

Gehen Sie davon aus, daß die Weichen schon vorab gestellt wurden. Allerdings werden heutzutage immer häufiger zeitlich befristete Arbeitsverträge abgeschlossen. Eine Herausforderung an Ihre Flexibilität, und wie so häufig geht es eher darum, wie Sie reagieren, als darum was Sie sagen, geschweige denn darum, was Sie sich wirklich wünschen.

Frage-Varianten

➤ Sind Sie einverstanden, wenn wir zunächst einen befristeten Arbeitsvertrag mit Ihnen machen?

➤ Wieviele Jahre planen Sie, für unsere Firma/unser Unternehmen zu arbeiten?

24 Was glauben Sie: Wie weit werden Sie in unserem Unternehmen aufsteigen?

Worum es geht

Erneut eine Überprüfung des Selbstbewußtseins und des diplomatischen Geschicks des Kandidaten. Wie gehen Sie mit so einer schwierigen, weil auch heiklen Frage um?

Tips

Sie müssen Farbe bekennen und sich ein wenig exponieren, aber sich auch nicht so weit zum Fenster herauslehnen, daß man Sie durch einen kleinen Schubs aufs harte Pflaster fallen lassen kann. Wieder einmal ist bei Ihrer Antwort das *Wie* wichtiger als das *Was*. Aber Fragen dieser Art kennen Sie ja bereits schon und auch unsere eindeutigen Empfehlungen dazu. Diplomatie, soziale Kompetenz werden hier sichtbar – oder eben auch nicht.

Frage-Varianten

➤ Welche konkreten Karriereziele würden Sie in unserem Unternehmen verfolgen?

➤ Sind Sie karrierebewußt und aufstiegsorientiert? Wollen Sie vorankommen?

B. BERUFLICHER WERDEGANG UND AKTUELLE ARBEITSSITUATION

25 Schildern Sie uns Ihren beruflichen Werdegang. **

Worum es geht

Planung oder Zufall – das ist hier die Frage ... Wird ein roter Faden bei Ihren Motiven für Arbeitsplatz- und Positionswechsel erkennbar?

Tips

Was Sie in Ihren Bewerbungsunterlagen kunstvoll zu Papier gebracht haben, müssen Sie jetzt überzeugend und gegebenenfalls auch ausführlich darstellen und begründen können. Wichtig ist dabei die Präsentation eines logischen Zusammenhangs zwischen einzelnen beruflichen Stationen. Mit dem gereizten Hinweis »Aber das steht doch bereits alles schon in meinen Unterlagen!« würden Sie sich sofort aus dem Bewerbungsverfahren katapultieren.

Frage-Varianten

➤ Wie kam es zu Ihrer Berufswahl?

➤ Wie kam es, daß Sie da und dort gearbeitet haben?

26 Wo liegen Ihre Arbeitsschwerpunkte? ***

Worum es geht

Wie kompetent und übersichtlich strukturiert können Sie Ihr Arbeitsgebiet und Ihre Arbeitsleistung darstellen? Auch die Art und Weise Ihres Vortrags wird an dieser Stelle mitbewertet.

Tips

Ohne präzise Vorbereitung wird man mit dieser Frage kaum erfolgreich zurechtkommen. Einerseits geht es darum, nicht blaß-nichtssagend an der Oberfläche zu bleiben, andererseits darf man sich nicht in unwichtig-nebensächlichen Details verlieren oder gar in Problematisches verstricken. Eine schmale Gratwanderung, bei der es einen Mittelweg zwischen dem Ausplaudern von Firmeninterna bis Betriebsgeheimnissen einerseits und dem Vermeiden von Allgemeinplätzen einzuhalten gilt.

Frage-Varianten

➤ Was machen Sie aktuell?

➤ Was für Probleme müssen Sie arbeits-/organsiationstechnisch bewältigen?

➤ Auf welchem Sektor lag Ihr Ausbildungs-/Studienschwerpunkt?

27 Warum machen Sie das, was Sie machen (Beruf/Position/Aufgabe)? ***

Worum es geht

Herrscht bei Ihnen Planung oder Zufall? Ist ein roter Faden bei Ihren Motiven für die Berufs- und Arbeitsplatzwahl und einen eventuell vollzogenen bzw. jetzt angestrebten Positionswechsel erkennbar?

Tips

Was Sie in Ihren Bewerbungsunterlagen kunstvoll zu Papier gebracht haben, müssen Sie jetzt überzeugend und gegebenenfalls auch ausführlich darstellen und begründen können. Wichtig ist dabei die Präsentation eines logischen Zusammenhanges zwischen einzelnen beruflichen Stationen. Mit dem Hinweis »Aber das steht doch bereits alles schon in meinen Unterlagen!« machen Sie Minuspunkte. Verstehen Sie die Frage als Aufforderung und damit als Chance für Ihre Werbebotschaft.

Frage-Varianten

➤ Wie verlief Ihr bisheriger Berufsweg?

➤ Aus welchen Gründen haben Sie sich für den Beruf/die Branche/die Arbeitsplätze X, Y und Z entschieden?

➤ Und warum jetzt für diese neue Position in unserem Haus?

28 Welche Gebiete Ihrer Berufsausbildung/ Berufstätigkeit haben Ihnen besonders gelegen/liegen Ihnen besonders? *

Worum es geht

Wo liegen Ihre Interessen- und Begabungsschwerpunkte und wo nicht? Und immer wieder: warum? Und: gelingt es Ihnen, einen Bezug zum angestrebten Arbeitsplatz herzustellen? Das tangiert auch Ihre Motivation.

Tips

Hauptsache, Sie können darüber flüssig und überzeugend sprechen. Wenn es Ihnen gelingt, Verknüpfungspunkte zum angestrebten Arbeitsplatz herzustellen, sammeln Sie viele Pluspunkte.

Frage-Variante

➤ Für welches Fach/Gebiet haben Sie sich in Ihrer Berufsausbildung am meisten engagiert?

29 Berichten Sie uns etwas über die wichtigsten Aspekte Ihrer bisherigen Tätigkeiten. *

Worum es geht
Gelingt es Ihnen, komplexe Sachverhalte überzeugend auf den Punkt zu bringen, und paßt dies inhaltlich zu der angebotenen Stelle?

Tips
»Aufgrund meiner Arbeitsgebiete/Tätigkeiten X, Y und Z glaube ich, für die Aufgabe/Position gut vorbereitet zu sein« – ohne dies wörtlich so auszusprechen, könnte so ungefähr der Tenor bei der Beantwortung dieser Frage lauten.

Frage-Variante
➤ Welche wichtigen beruflichen Aufgaben/Herausforderungen hatten Sie bisher zu bewältigen?

30 Schildern Sie einmal den Ablauf eines für Sie typischen Arbeitstages. *

Worum es geht

Angestrebt wird hier ein tieferer Einblick in Ihre derzeitigen Aufgaben, sowie eine Überprüfung, ob der gute Eindruck aufgrund Ihrer schriftlichen Bewerbungsunterlagen Bestand hat. Mit anderen Worten: Man versucht, Ihre beruflichen Schwachstellen zu enttarnen.

Tips

Diese auf den ersten Blick harmlos klingende Frage ist schwieriger zu beantworten, als Sie glauben, und erfordert deshalb eine besonders gute Vorbereitung im Hinblick auf den angestrebten Arbeitsplatz. Wer z.B. behauptet, an seinem aktuellen Arbeitsplatz alles nur gut und gerne gemacht zu haben, lügt ausgesprochen ungeschickt. Warum dann wohl der angestrebte Wechsel?

Frage-Varianten

➤ Was sind z.Z. Ihre konkreten Arbeitsaufgaben?

➤ Was machen Sie davon gerne, was ungerne?

31 Warum haben Sie Ihren Arbeitgeber öfter bzw. selten gewechselt? *

Worum es geht
Schwachstellen aufdecken; den Bewerber durch diese Frage mit einer schwierigen, u.U. peinlichen Situation konfrontieren und beobachten, wie er sich verhält.

Tips
Vorbereitet sein; gut argumentieren können; glaubwürdige Darstellung, auch mit Anerkennung von eigenen Fehlern; sich auch bei einer eventuellen Wiederholung dieser Frage nicht aus der Ruhe bringen lassen, bloß nicht gereizt reagieren, keinesfalls aber auch Entschuldigungstiraden von sich geben.

Frage-Variante
➤ Welche Art von Problemen hatten Sie mit früheren Arbeitgebern?

32 Wie bilden Sie sich fort? **

Worum es geht
Überprüfung von besonderer beruflicher Leistungsmotivation und Kompetenz. Fortbildung aufgrund von Eigeninitiative oder nur »auf Anordnung«?

Tips
Wenige Sätze reichen aus. Es kommt darauf an, daß Sie etwas Relevantes zu berichten wissen. Fachliteratur und der regelmäßige Austausch mit Kollegen in einem vergleichbaren Arbeitsbereich ist das unterste Niveau, das hier beschrieben werden kann. Besser sind Seminare, Tagungen, Messen, Kongresse, Fortbildungsveranstaltungen etc.

Frage-Variante
➤ An welchen Fortbildungsmaßnahmen haben Sie teilgenommen und wer hat diese initiiert?

33 Was schätzen Sie an Ihren Arbeits- kollegen/Vorgesetzten – was nicht? *

Worum es geht
Was sind Ihre Maßstäbe bei der Beurteilung von Vorgesetzten und Kollegen? Worauf kommt es Ihnen an? Erneut: Wie gehen Sie mit schwierigen Fragen um?

Tips
Zeigen Sie Wertschätzung für Vorgesetzte und Kollegen. Machen Sie aber auch gegebenenfalls deutlich, daß Sie in bestimmten Situationen anders entschieden hätten. Vermitteln Sie Respekt und die richtige Mischung aus Selbstbewußtsein und Loyalität. Reden Sie niemals schlecht über Vorgesetzte oder Kollegen!

Frage-Varianten
➤ Was zeichnet Ihrer Meinung nach einen guten Vorgesetzten aus?
➤ Was einen guten Mitarbeiter?
➤ Jetzt diese beiden Fragen mit umgekehrten Vorzeichen (... schlechten Vorgesetzten ... usw.).
➤ Welche Verhaltensweisen/Eigenschaften stören Sie an anderen Menschen am meisten?

34 Fühlen Sie sich in Ihren beruflichen Leistungen von Ihren früheren Vorgesetzten angemessen beurteilt?

Worum es geht
Wie gehen Sie mit dem heiklen Thema Leistungsbeurteilung um? Lassen Sie sich provozieren, und nehmen Sie Schuldzuweisungen vor? Ergreifen Sie die erstbeste Gelegenheit, über andere herzuziehen? Sind Sie der Typ des ewig verkannten Genies?

Tips
Halten Sie sich bedeckt, und lassen Sie sich nicht provozieren. Vermeiden Sie vor allem Klagen über Ihre früheren Vorgesetzten und eine unglückliche Selbstdarstellung.

Frage-Variante
➤ Wie fühlen Sie sich in Ihren Arbeitszeugnissen beurteilt?

35 Was würden Sie gern an Ihrem jetzigen Arbeitsplatz verändern, wenn Sie Veränderungen durchführen könnten, wie Sie wollten?

Worum es geht

Sind Sie ein notorischer Besserwisser oder gar ein verkappter Revolutionär? Ein reiner Provokationstest – es geht hier nicht um Kreativität.

Tips

Natürlich gibt es immer Dinge, die veränderungswürdig sind, aber dies ist jetzt nicht der Rahmen, Probleme an Ihrem derzeitigen Arbeitsplatz detailliert auszubreiten. Halten Sie sich einfach bedeckt.

Frage-Variante

➤ Gibt es Probleme oder gar Mißstände an Ihrem jetzigen Arbeitsplatz?

36 Was war bisher Ihr schönster Triumph/ Ihr größter (Arbeits-)Erfolg? **

Worum es geht

Eine Art Wiederholungsfrage, auch in Richtung: Worauf sind Sie stolz, was sind Ihre Stärken und wie korreliert dies mit der evtl. vorher oder später gestellten Erfolgs-Frage (s. S. 10).

Tips

Bleiben Sie in Ihrer Antwort weitestgehend berufsbezogen, und verdeutlichen Sie sich, was Sie durch Ihre Schilderung alles an Botschaften transportieren. Eine Riesenchance in Sachen Werbung für die eigene Person. Und gerade deshalb ist es wichtig, wenn möglich und halbwegs gerechtfertigt, die Teamleistung mit einfließen zu lassen.

Frage-Variante

➤ Auf welche (beruflichen) persönlichen Leistungen/Ergebnisse sind Sie stolz?

37 Was war bisher Ihr schlimmstes, unangenehmstes (Arbeits-)Erlebnis? **

Worum es geht

Ein Persönlichkeitstest in Frageform, mit dem Ziel, Ihnen auf den Zahn zu fühlen und eventuelle Widersprüche zum vielleicht schon erfragten Thema bisherige Mißerfolge aufzudecken.

Tips

Aufgepaßt – was war Ihre Antwort bei der Frage nach Ihrem größten Mißerfolg? Welches Bild geben Sie von sich ab?

Frage-Variante

➤ Was war Ihre größte (berufliche) Niederlage, Enttäuschung, Ihr größter Mißerfolg?

38 Wenn Sie in Ihrer Ausbildung und beruflich noch einmal ganz von vorn anfangen könnten – was würden Sie anders machen? *

Worum es geht
Ein Test der Stringenz Ihres Lebensentwurfes bzw. -planes. Wer möchte schon einen zutiefst unzufriedenen Berufsvertreter einstellen. Gehen Sie nicht davon aus, daß man an dieser Stelle Ihre Kreativität prüfen möchte.

Tips
Halten Sie sich zurück mit kreativen Ideen und Einfällen. Verdeutlichen Sie, daß Sie Ihre Erfüllung gefunden haben bzw. auf dem besten Berufsweg dahin sind.

Frage-Varianten
➤ Wie zufrieden sind Sie mit Ihrem Beruf/Ihrer Berufswahl?
➤ Welche beruflichen/ausbildungsbezogenen Fehler würden Sie nicht noch einmal machen?

39 Welchen Personen/Umständen verdanken Sie Ihre jetzige berufliche Position?

Worum es geht

Eine wirklich spannende Frage, und hier lohnt es sich bestimmt einmal nachzudenken. Vor allem aber auch darüber, was Sie in einer Vorstellungsgesprächssituation darauf antworten, was Sie preisgeben wollen. Motto: Zeige mir deine Vorbilder/Förderer, und ich sage dir, wer du bist.

Tips

Es macht keinen guten Eindruck, wenn man auf diese Frage nichts zu berichten weiß, sich überfragt fühlt. Andererseits darf man vor Dankbarkeit nicht zerfließen, und es wäre idiotisch, einzugestehen, durch »Vitamin B« an die entscheidenden Positionen geraten zu sein. Zeigen Sie auch, daß Sie wissen, was Dankbarkeit ist. Insbesondere in jungen Jahren kommt das gut an.

Frage-Variante

➤ Haben Sie Förderer/Vorbilder?

40 Haben Sie an Ihren bisherigen Arbeitsplätzen persönliche Erfahrungen mit den Themen Konflikte, Streit und Mobbing gemacht?

Worum es geht

Leider um ein zeitgemäßes Thema: Wer hat heutzutage nicht irgendwann schon mal mit dem »Krieg am Arbeitsplatz« Berührung gehabt. Auf der anderen Seite gehören Auseinandersetzungen und Konflikte zum Leben – es kommt dabei nur auf den Stil und das Ausmaß an. Insoweit zielt die Frage darauf ab, ob man zu einem konstruktiven Umgang mit Konflikten zumindest theoretisch in der Lage ist.

Tips

Wer hier behauptet, das alles nicht zu kennen, lügt schlecht. Konflikte und Auseinandersetzungen gab es schon seit Kain und Abel. Wer sich jedoch als langjähriges, schwergeplagtes Mobbing-Opfer outet, kann leider nicht mit »Sozialrabatt« rechnen – im Gegenteil. Argumentieren Sie besser im Sinne des vorangegangenen Absatzes.

Frage-Variante

➤ Was fällt Ihnen zu den Themen Streit/Intrigen/Mobbing am Arbeitsplatz ein?

C. PERSÖNLICHER, FAMILIÄRER UND SOZIALER HINTERGRUND

41 Wir wollen Sie gerne kennenlernen, erzählen Sie uns etwas über sich. ***

Worum es geht

Ein umfassender Persönlichkeits-Check-up, ein unverstellter Versuch, in die Schränke und Schubladen Ihrer Persönlichkeit zu schauen. Es geht um eine der ganz zentralen Fragen des Vorstellungsgesprächs: Paßt der Bewerber in unser Unternehmen?

Tips

Hier haben Sie es quasi mit aufdringlichen Besuchern, unter Umständen sogar mit »Einbrechern« in Ihre Privatsphäre zu tun. Es liegt an Ihnen, sich auf derartiges gut vorzubereiten. Wichtig: Beginnen Sie bei sogenannten offenen Fragen wie dieser immer erst damit, die berufliche Ebene anzusprechen und später – wenn überhaupt notwendig – die private.

Frage-Varianten

➤ Wie würden Sie sich kurz charakterisieren?

➤ Was sollten wir über Sie persönlich wissen?

➤ Was meinen Sie – wie würde Sie ein Freund/ein Gegner beschreiben?

➤ Auf welche menschlichen Qualitäten legen Sie bei sich/bei anderen besonderen Wert?

42 Was sind Ihre Stärken, was Ihre Schwächen und wie sind Sie zu dieser Erkenntnis gekommen? ***

Worum es geht
Wie stellen Sie sich dar? Wie glaubwürdig wirken Sie dabei? Lassen sich ungeahnte Schwächen entdecken?

Tips
Sie sollten mit Gelassenheit sowohl die positiven als auch einige harmlose negative Dinge darstellen und vertreten (die berufliche Seite zuerst; vielleicht geht der Interviewer schon zur nächsten Frage über, bevor Sie zur Darstellung von – natürlich unverfänglichen – Schwächen und Mißerfolgen im privaten Bereich kommen).

Überlegen Sie sich genau, welche Offenheit Sie sich bei der Darstellung von Schwächen und Mißerfolgen leisten können. Und nie vergessen: Sie befinden sich nicht auf der Couch Ihres Psychoanalytikers oder beim Pfarrer im Beichtstuhl!

Frage-Varianten
➤ Was ist Ihr größter Erfolg/Mißerfolg (beruflich/privat)?
➤ Was war bisher in Ihrem Leben Ihr schlimmstes Erlebnis?

43 Wie werden Sie von Arbeitskollegen/Vor-gesetzten/Freunden/Bekannten einge-schätzt? *

Worum es geht

Eine sehr raffinierte Form der Fragetechnik, um etwas über Ihre Persönlichkeit in Erfahrung zu bringen. Den meisten Kandidaten fällt es sicherlich viel leichter, auf diese Weise über sich zu sprechen, und sie entdecken vielleicht zu spät, was für ein u.U. negatives Bild sie von sich vermitteln.

Tips

Bedenken Sie: Jede Aussage, die Sie so in den Mund einer anderen Person legen, ist eine Ich-Botschaft. Entscheiden Sie vor dem Aussprechen, ob Sie diese Form der Selbstaussage in der aktuellen Vorstellungsgesprächssituation guten Gewissens im Sinne Ihres Vorhabens vertreten können.

Frage-Variante

➤ Was würde Ihr ... über Sie sagen, wenn ich ihn/sie jetzt z.B. zum Thema ... befragen würde?

44 Was schätzen Sie generell an anderen Menschen, was nicht (Arbeitskollegen/ Vorgesetzte/Freunde/Bekannte)?

Worum es geht
»Persönlichkeitsdiagnostik« (s.a. vorige Fragen).

Tips
Hier gilt wieder der generelle Hinweis, daß jede Aussage über andere immer auch eine Mitteilung über Sie selbst bedeutet.

Frage-Varianten
➤ Haben Sie Leitbilder?
➤ Gibt es in Ihrem Leben eine Person, die Sie besonders beeindruckt hat?
➤ Erzählen Sie, warum.
➤ Was haben Sie an Ihrem Chef/Ihren Kollegen/Mitarbeitern geschätzt?
➤ Was mißfällt Ihnen an Ihrem Chef/Ihren Kollegen/Mitarbeitern?

45 Warum sollten wir gerade Sie einstellen? ***

Worum es geht

Ein fundamentaler Test Ihres Selbstbewußtseins und Selbstvertrauens. Sind Sie in der Lage, die für Sie sprechenden Eigenschaften im Hinblick auf die angestrebte Position prägnant zusammenzufassen?

Tips

Obwohl diese Frage zu den absoluten Standardfragen gehört, trifft sie viele Bewerber völlig überraschend und unvorbereitet. Ihnen sollte es nicht so gehen. Das ist Ihre große Chance. Aber bitte keinen 20-Minuten-Monolog (Vorschlag: Argumentation 1. ..., 2. ..., 3. ... reicht aus).

Frage-Varianten

➤ Was haben Sie uns zu bieten?

➤ Was unterscheidet Sie von anderen Bewerbern?

46 Wenn die Rollen in diesem Gespräch vertauscht wären – welche Fragen würden Sie stellen?

Worum es geht

Wieder einmal steht Ihre geistige Flexibilität auf dem Prüfstein. Gelingt es Ihnen, aus dem bisher verlaufenden Gespräch eine halbwegs logisch anknüpfende Frage zu entwickeln oder müssen Sie gar passen, weil Ihnen spontan nichts einfällt. Sollten Sie allerdings die Sie schon lange belastende Frage nach Ihren »Leichen im Keller« nun jetzt nicht mehr zurückhalten können – bitteschön auch gut, denn darum ging es ja auch! Outen Sie sich ruhig selbst.

Tips

Dieses Buch bietet Ihnen eine reichhaltige Auswahl an Fragen. Nutzen Sie die Gelegenheit, Ihre Botschaft abermals an den Mann bzw. die Frau bringen zu können und vermeiden Sie es, sich durch eine ungeschickte, unvorteilhafte Frage selbst einen Strick um den Hals zu legen. Fangen Sie bloß nicht an, zu früh in die Arbeits- und Gehaltsverhandlungen einzusteigen.

Frage-Variante

➤ Gibt es ein Thema, über das wir noch nicht gesprochen haben, das aber wichtig für Sie wäre?

47 Welche Interessen, welche Hobbys haben Sie? ***

Worum es geht

Es geht um das Kennenlernen der »ganzen Person«, um Ihr Interessenspektrum, um Besonderheiten, Hobbys, kulturelle Aktivitäten und Neigungen (z.B. Lesen – Kant oder Konsalik?). Denken Sie auch an Ihre körperliche Fitneß (Tennis oder Tischtennis?).

Tips

Die Beantwortung sollten Sie nicht dem Zufall überlassen. Die Antwort »Polospielen« macht einen anderen Eindruck als die Beschäftigung mit Briefmarken. (Vorsicht beim Bluffen – auf Nachfragen vorbereitet sein!). Sehr viel Sport ist leider wegen der begrenzten Freizeit nicht möglich, aber zu Ihrem Körper haben Sie natürlich ein gesundes Verhältnis. Vorsicht bei Risikosportarten wie z.B. Drachenfliegen.

Frage-Varianten

➤ Wir wollen Sie als Mensch kennenlernen. Was machen Sie neben Ihrer Berufstätigkeit?

➤ Welche Sportarten betreiben Sie?

48 Gehen Sie gerne ins Theater/Oper/ Konzerte/Kino?

Worum es geht

Ganz offensichtlich geht es um Freizeitverhalten und Kultur. Wie unverkrampft können Sie darüber sprechen und wo liegen Ihre Interessen?

Tips

Wer mit glänzenden Augen und weitschweifig über Rambo-Filme, Stockhausen-Konzerte oder Wagner-Opern referiert, ist in Gefahr, sein Gegenüber unnötig zu irritieren. Ob Sie lieber Western oder Krimis sehen, klassische Konzerte oder moderne Musik bevorzugen, ist sicherlich Ihre Sache, aber es muß ja nicht zu einem Problem im Vorstellungsgespräch werden. Man weiß es ja nie: Vielleicht sitzt Ihnen ein Klassikfan gegenüber, während Sie über den Waschbrettbauch des 50plus Micky Jäger fabulieren und mit dem Fuß den Rhythmus von *I can't get no* ... stampfen.

Frage-Varianten

➤ Was für Musik hören Sie gerne?
➤ Welche Filme bevorzugen Sie?

49 Wieviele Bücher haben Sie im letzten Jahr gelesen?

Worum es geht
Sicherlich um Freizeitverhalten, aber auch darum, wieviel Zeit Sie für sich selbst beanspruchen. Über die mitgeteilten Autoren und Titel lassen sich vortreffliche Diagnosen über Ihre Persönlichkeit ableiten.

Tips
Kein einziges Buch ist genau so schlecht wie 100. Es gibt Branchen, da wird wenig gelesen, eventuell gerade noch Fachliteratur, in anderen Bereichen gehört es zum guten Ton. Es ist nicht immer einfach, sein Gegenüber richtig einzuschätzen. Handelt es sich um einen bibliophilen oder einen eher geselligkeitsorientierten, kommunikativen Charakter.

Frage-Variante
➤ Welche Bestseller haben Sie in der letzten Zeit gelesen.

50 Welche Zeitungen/Zeitschriften lesen Sie regelmäßig?

Worum es geht

Eine nahezu peinliche und unzulässige Frage, die eigentlich sehr direkt in die per Grundgesetz geschützte Privatsphäre eingreift, weil sie Rückschlüsse auf Ihre politische Meinung und Einstellung zuläßt. Ob Bild, FAZ oder Neues Deutschland – immer versteckt sich hinter dem Titel nicht nur ein kluger Kopf, sondern auch eine relevante Selbstaussage.

Tips

Sie müssen sich nicht outen, aber wenigstens geschickt lügen, das Recht dazu haben Sie bei unzulässigen Fragen (s. S. 141f).

Frage-Variante

➤ Welche Fernsehsender/Programme präferieren Sie?

Herzlichen Glückwunsch !!!

Die Hälfte der wichtigsten und am häufigsten gestellten Fragen im Vorstellungsgespräch haben Sie bereits geschafft.

Dabei geht es nicht darum, daß Sie irgendwelche Antworten stur auswendig lernen. Es kommt vielmehr darauf an, daß Sie vorbereitet sind und in etwa wissen, was Sie auf schwierige Fragen antworten wollen – immer auch im Hinblick auf Ihre entscheidende Werbebotschaft in eigener Sache.

Für die Bearbeitung der nun folgenden restlichen 50 Fragen weiterhin gutes Gelingen!!!

51 Womit können Sie sich selbst eine Freude machen – wie tanken Sie auf?

Worum es geht
Erneut ein Charaktertest sowie ein Check der Gesprächs-Chemie.

Tips
Harmlose, unverfängliche Angaben sind eher opportun als Extremsportarten oder anderer Nervenkitzel. Hauptsache jedoch, Sie können etwas benennen, denn wer hier schweigt, macht sich verdächtig.

Frage-Varianten
➤ Haben Sie aktuelle Wünsche außerhalb der beruflichen Thematik?
➤ Wenn Sie drei Wünsche frei hätten ...?
➤ Ein Riesenlottogewinn – was täten Sie ...?

52 Was bedeutet Teamarbeit für Sie? *

Worum es geht
Sind Sie eher extra- oder introvertiert, also ein mehr nach außen gerichteter, kommunikativer Mensch, oder stärker nach innen gekehrt, eher still und verschlossen – das ist hier die Frage. Mit anderen Worten: Sind Sie lieber Einzelkämpfer oder Gruppenmensch?

Tips
Was wird wohl bei der von Ihnen angestrebten Position eher gewünscht? Heutzutage werden insbesondere teamfähige Leute gesucht – auch wenn dann später in der Realität jeder gegen jeden (an-)tritt.

Frage-Varianten
➤ Wie gerne/gut können Sie mit anderen zusammenarbeiten?
➤ Mit wem arbeiten Sie gerne zusammen, mit wem nicht?

53 Hatten Sie schon mal Schwierigkeiten mit Vorgesetzten und/oder Kollegen? Wenn ja: Mit wem? Warum? Wie sind Sie damit umgegangen? Was haben Sie daraus gelernt?

Worum es geht

Es geht weiter ganz unverstellt zur Sache (Psychodiagnostik), hier um den Aspekt: Wie ist es um Ihr Konfliktlösungspotential bestellt, aber auch um Ihre Loyalität?

Tips

Wenn es Ihnen bei diesen Fragen die Sprache verschlägt, spricht das gegen Sie. Jeder Mensch bevorzugt bestimmte Kollegen und hat schon mal Schwierigkeiten mit seinem Chef gehabt. Nur gerade jetzt müssen Sie wissen, was Sie darüber preisgeben wollen und auf welche Weise. An dieser Stelle sei noch einmal der Hinweis wiederholt, daß es auf keinen Fall empfehlenswert ist, schlecht über Vorgesetzte und Kollegen zu reden.

Frage-Variante

➤ Mit welchen Menschen arbeiten Sie gern/ungern zusammen?

54 Was erwarten Sie von Ihrem zukünftigen Vorgesetzten?

Worum es geht

Wollen Sie »an die Hand genommen werden« oder beanspruchen Sie als Spät-68er absolute Freiheit – das sind nur die Extrempositionen, die die Bandbreite dieser Frage kennzeichnen. Welchen Führungsstil wünschen Sie sich? Und natürlich geht es um Gerechtigkeit, Unterstützung, Förderung, Anerkennung etc. – also um all das, was Ihnen Mama und Papa eventuell versagt haben.

Tips

Achtung: Jeder Satz ermöglicht einen tiefen Einblick in Ihr Seelenleben. Mögliche Keywords wären: Vertrauen entgegenbringen/einen klaren Handlungsspielraum einräumen/Vorbild sein/bei Fragen und Problemen ein offener und zuhörbereiter Gesprächspartner sein etc.

Frage-Variante

➤ Wie und was wäre für Sie ein idealer Vorgesetzter?

55 Worüber können Sie sich so richtig ärgern?

Worum es geht

Fortsetzung der Psychodiagnostik. Wie gehen Sie mit derartigen Fragen um? Kann man Sie damit ärgern oder gar verängstigen?

Tips

Machen Sie nicht ganz zu (verkrampfen Sie nicht), aber lassen Sie auch nicht die Katze völlig aus dem Sack (oder noch drastischer: »die Sau raus«). Bei diesen Fragen ständen Sie ohne Vorbereitung ziemlich geschockt mit dem Rücken an der Wand und hätten das Gefühl, beim Öffnen einer Sardinendose zugegen zu sein.

Da Sie hier eigentlich nur die Wahl zwischen Pest und Cholera haben, also nur schlechte Zensuren ernten können, kommt es darauf an, diese kritische Phase nach Art eines Streß-Interviews mit Format und Gelassenheit durchzustehen. Weichen Sie nicht auf, sondern aus – z.B. auf (relativ) Unverfängliches (die letzte Heimniederlage Ihres Lieblingsclubs, Ihre Schwiegermutter, Hundekot auf der Straße, die Vernichtung von Lebensmitteln im EU-Raum, schlechte Theater- und Konzertaufführungen Ihrer Lieblingsstücke usw. usw.). Auch das Sorgen-Thema (s.u.) müssen Sie ähnlich geschickt umschiffen.

Frage-Varianten

➤ Was macht Sie wütend?
➤ Was bereitet Ihnen Sorgen?

56 Wie gehen Sie mit Kritik um?

Worum es geht
Wieder eine Persönlichkeits-Testfrage.

Tips
Es kommt sicherlich immer darauf an, wer Sie wann, wie und weshalb kritisiert. Kritik bringt Sie nicht um (selbstverständlich auch nicht solche Fragen), sondern hoffentlich weiter.

Frage-Varianten
➤ Sind Sie leicht zu kränken?
➤ Wie gehen Sie generell mit Kränkungen um?

57 Was sind Ihre ganz persönlichen Lebensziele?

Worum es geht
Eine gewisse Lebensplanung mit beruflichen und privaten Zielsetzungen runden das Idealbild eines guten Bewerbers ab.

Tips
Lernen, Leistung, Vorwärtskommen. Haben Sie ein Gespür dafür, was man hier wohl von Ihnen hören will? Achtung: Es geht primär um Berufliches – vermeiden Sie private Offenbarungen.

Frage-Variante
➤ Was möchten Sie persönlich für sich in naher/ferner Zukunft erreichen?

58 Was sind Ihrer Meinung nach die größten Mißstände in der Welt, in unserem Land, in Ihrer Heimatstadt, in dem Unternehmen, in dem Sie zur Zeit arbeiten? *

Worum es geht

Wie differenziert ist Ihre Kritikfähigkeit, welchen Einblick erlauben Ihre Antworten in persönliche Grund- und Werthaltungen, ja sogar in Ihre Persönlichkeitsstruktur? Im letzten Frageteil geht es um Ihre Loyalität zu Ihrem jetzigen Arbeitgeber.

Tips

Wer z.B. auf allen vier Ebenen (Welt, Land, Stadt, Firma) das unerträgliche Umsichgreifen der Korruption in markant-larmoyanten Worten beklagt, sagt damit (unwissentlich) mehr über sich als über die beklagten objektiven Mißstände. Sie können das Wort »Korruption« durch Pornografie, Werteverfall, Egoismus auf allen Ebenen usw. ersetzen – jede Aussage beleuchtet mehr die Persönlichkeit des Antwortenden als die vordergründig abgefragten Mißstände. Achtung: Damit ist diese Frage ein knallharter (unzulässiger) Persönlichkeitstest!

Übrigens: Der Interviewer will mit den Fragen auch herausfinden, welche Kritikbereitschaft Sie Ihrem aktuellen Arbeitgeber gegenüber einnehmen (Stichwort Loyalität).

Bei den globalen Mißständen könnten Sie auf Kriege, Umweltzerstörung, Hunger in der dritten Welt etc. hinweisen, in unserem Land evtl. auf die Arbeitslosigkeit und das Problem der Steuerumverteilung, in Ihrer Stadt auf Verkehrs-, Bau- und Umweltprobleme, in Ihrer Firma sehr vorsichtig auf die noch nicht optimal organisierte Gleitarbeitszeit etc. Aber aufgepaßt ...

Frage-Variante

➤ Wenn es in Ihrer Macht stünde: Was würden Sie ändern ...?

59 Wie schätzen Sie unseren bisherigen Gesprächsverlauf ein?

Worum es geht

Wie gehen Sie mit einer schwierigen, unerwarteten Frage um? Sind Sie in der Lage, einen Gesprächsverlauf zu analysieren und haben Sie das notwendige Gespür, in einer Prüfungs- und Streßsituation einigermaßen adäquat zu antworten?

Tips

Versuchen Sie, die positiven Aspekte der Gesprächsatmosphäre herauszustellen. Nutzen Sie die Gelegenheit, auf ein für Sie wichtiges Thema noch einmal oder sogar erstmalig zu sprechen zu kommen.

Frage-Variante

➤ Haben Sie auch das Gefühl, daß unser Gespräch etwas schleppend/ziemlich unergiebig verläuft? (Achtung: Streß-Interview-Frage – nicht verrückt machen lassen!)

60 Welche Form der Kommunikation, welchen persönlichen Umgangsstil bevorzugen Sie?

Worum es geht

Um ein komplexes Thema – und wie Sie damit umgehen. Bei so einer Frage kann's einem wirklich schon mal die Sprache verschlagen. Ruhig Blut, außerdem können Sie ja jetzt darüber nachdenken, wie und was Sie antworten wollen. Eigentlicher Hintergrund: Man will herausfinden, ob und wie Sie zum Stil des Hauses passen.

Tips

Auch hier ist die Art und Weise, wie Sie etwas sagen, fast wichtiger als das Was. Versuchen Sie, Ihre Antwort auf den Stil des Hauses auszurichten. Wie ist man denn im bisherigen Gesprächsverlauf mit Ihnen umgegangen? Bei einer Behörde, bei einer großen deutschen Bank und bei einer international tätigen Werbeagentur herrschen unterschiedliche Gepflogenheiten. Mögliche Keywords: freundlich/zugewandt/offen/konstruktiv/problemorientiert/sachlich.

Frage-Variante

➤ Welche Art der Mitarbeiterführung präferieren Sie?

61 Nennen Sie bitte spontan die fünf Menschen, die Sie am meisten bewundern.

Worum es geht

Ein sog. Projektionstest, d.h. die Antwort läßt direkte Rückschlüsse auf Ihre Seelenverfassung zu.

Tips

Also bloß nicht Papa, Mama, Onkel Franz und den älteren Bruder, aber auch nicht Micky Maus, Horst Tappert, Käpt'n Iglu oder Meister Propper. Dann schon lieber einen Zen-Meister, Spitzensportler, den Behinderten des Jahres. Ganze Generationen vor Ihnen sind mit John F. Kennedy, Martin Luther King und Albert Schweitzer gut gefahren. Das wirkt aber heutzutage angestaubt. Überlegen Sie auch, welche Persönlichkeiten irgendwie einen gewissen Bezug zu Ihrem beruflichen Vorhaben aufzeigen.

Frage-Variante

➤ Benennen Sie uns Ihre Vorbilder.

62 Wie würden Sie Ihren Fahrstil als Auto- fahrer beschreiben?

Worum es geht

Wieder ein Projektionstest, d.h. Ihre Beschreibung läßt direkte Rückschlüsse auf Ihre Persönlichkeitsstruktur zu.

Tips

Egal, wie Sie wirklich fahren: Sie verhalten sich der Verkehrs- lage vor allem angepaßt, fahren vorsichtig, wenn angezeigt (Schnee und Glätte), aber auch dynamisch-zügig mit dem Spaß am Tempo z.B. auf der Autobahn. Im Stau bewahren Sie sich Ihre Gelassenheit, ärgern lassen Sie sich nicht so leicht usw.

Merken Sie, wo der Hase lang läuft. Was würde es für einen Eindruck machen, wenn Sie sich als ängstlich-vorsichtigen Bremser outen.

Frage-Varianten

➤ Welches Fabrikat fahren Sie und warum?

➤ Was bedeutet Ihr Auto und Autofahren für Sie?

➤ Wie würden Sie Ihren Erziehungsstil beschreiben? (und ähnliche Fragen)

63 Wie sieht Ihre aktuelle Lebenssituation aus? **

Worum es geht

Mit wem leben Sie zusammen? Als Single, mit Lebens- oder Ehepartner?

Tips

Verliebt, verlobt, verheiratet, geschieden, verwitwet, Kinder? Alles Themen, die den Arbeitgeber eigentlich absolut nichts angehen. Aber allzu häufig fragt er nun mal leider unzulässigerweise danach. Und wenn Sie dann beichten müssen, noch immer mit Ihrer 93jährigen Frau Mama zusammenzuleben, entstehen vielleicht grundsätzliche Zweifel an Ihrer Muttivation.

Frage-Variante

➤ Wie ist Ihr Familienstand?

64 Stellen Sie uns doch bitte einmal kurz Ihre Familie vor.

Worum es geht

Zunächst die Gegenfrage: »Welche? Meine Ursprungsfamilie oder meine jetzige?« Hier dominiert ein neugieriges Informationsbedürfnis über den Bewerber und das Milieu, das ihn umgibt bzw. aus dem er kommt. Hintergrund: Abchecken der sozialen Verhältnisse. Devise: Zeige mir deinen Partner, und ich weiß ein bißchen besser, wer und wie du bist.

Tips

Gehen Sie nicht zu sehr ins Detail, Sie müssen sich nicht rechtfertigen, warum Sie z.B. geschieden, wieder verheiratet oder überhaupt nicht verheiratet oder liiert sind. Ebenso: Warum Sie sich keine oder zahlreiche (ab 3) Kinder leisten und was Ihre eigenen Eltern gemacht bzw. versäumt haben oder wie es bei Ihnen zu Hause damals zuging ... (vgl. auch S. 141: Ihr Recht auf Lüge). Seien Sie sich darüber im klaren, daß Sie eine relativ konfliktfreie, weitgehend problemlose und heile Welt präsentieren müssen.

Frage-Variante

➤ Was macht Ihre Frau/Ihr Mann beruflich?

65 Welche Haltung hat Ihr Lebenspartner zu Ihrem Beruf? *

Worum es geht

Werden Sie von Seiten Ihres Partners/Ihrer Familie unterstützt oder gibt es Vorbehalte? Auch hier läßt die Antwort Rückschlüsse auf Ihre eigene Einstellung zu Ihrem Beruf und zur aktuellen Bewerbung zu.

Tips

Was man hier natürlich von Ihnen hören will: Sie haben in beruflicher Hinsicht alle Unterstützung Ihrer Angehörigen. Seien Sie auf Nachfragen vorbereitet, wie man sich das denn konkret vorzustellen habe.

Frage-Variante

➤ In welcher Weise werden Sie von Ihren ... unterstützt?

66 Was sagt Ihr Lebenspartner zu Ihren Plänen? Gibt es da eventuell Probleme? (Umzug/Arbeitszeiten etc.)

Worum es geht
Bekommen Sie Unterstützung? Ist Ihr Lebenspartner mit Ihren Plänen einverstanden, oder gibt es da Hemmnisse, Vorbehalte?

Tips
Wer hier nicht überzeugend positiv auftritt oder gar zugeben muß, noch nichts besprochen, nichts geklärt zu haben, sammelt Minuspunkte.

Frage-Variante
➤ Haben Sie Ihr Bewerbungsvorhaben mit Ihrer Familie diskutiert?

67 Gibt es Bereiche, in denen Sie sich besonders engagieren?

Worum es geht

Wie sieht es mit politischen oder sozialen Prioritäten aus? Wo haben Sie sich bisher engagiert (Parteien, Gewerkschaften, Bürgerintiativen, Kirche, Vereine, soziale Institutionen – z.B. Telefonseelsorge, Anonyme Alkoholiker, Spastikerhilfe, Greenpeace, Amnesty International, DRK etc.)?

Tips

Machen Sie sich bewußt, welches Bild Sie von sich entwerfen, wenn Sie sich zu dem einen oder anderen sozialen oder politischen Engagement bekennen, und wie das wohl von Ihrem potentiellen Arbeitgeber eingeschätzt wird.

Frage-Varianten

➤ Sind Sie ehrenamtlich/sozial engagiert?
➤ Sind Sie ein politischer Mensch?

68 Sind Sie Mitglied in einem Verein/ Verband/Organisation?

Worum es geht

Eine Überprüfung der sozialen Kompetenz, des sozialen Engagements, der Fähigkeit, in Gruppen- und Organisationsstrukturen zu kommunizieren. Inwieweit wird hier eventuell auch ein Führungspotential sichtbar?

Tips

Wenn Sie eine derartige Tätigkeit (in einem gewissen Rahmen) angeben können, ist es nicht von Nachteil. Seien Sie auf die weitergehenden Fragen vorbereitet, warum Sie diese Mitgliedschaft eingegangen sind und wieviel Zeit Sie dabei investieren. Achtung: Eventuell unzulässige Umgehungsfrage zur Überprüfung von politischem und/oder gewerkschaftlichem Engagement.

Frage-Variante

➤ Für wen oder was können Sie sich engagieren?

69 Mit welchen Menschen sind Sie gerne zusammen, und was verbindet Sie mit diesen?

Worum es geht

»Zeige mir deine Freunde, und ich sage dir, wer du bist.« Hier gilt abermals die Regel: Informationen, Aussagen und (Wert-) Urteile über Dritte sind Informationen über sich selbst. Ein weiterer Schwerpunkt: Sind Sie kontaktorientiert oder eher kontaktscheu?

Tips

Natürlich geht es nicht wirklich um Herrn oder Frau XY aus Ihrem Freundes- und Bekanntenkreis, sondern um Sie. Wie sehen Ihre sozialen, zwischenmenschlichen Beziehungen aus – quantitativ und qualitativ?

Frage-Variante

➤ Wer kommt mit Ihnen gut klar, wer nicht, und warum?

70 Was machen Sie lieber zusammen mit anderen/was lieber alleine?

Worum es geht
Soziale Kompetenz und Teamfähigkeit sind hier die Stichwörter. Zeigen Sie Anzeichen eines Eigenbrötlers oder gar verbissenen Einzelkämpfers, oder brauchen Sie stets den Schutz und die Nestwärme einer Gruppe?

Tips
Sicher kommt es darauf an, was Sie beruflich anstreben, wie hier die Mischung von Team-, aber auch individueller Leistung aussieht.

Frage-Variante
➤ Was bedeutet Teamarbeit für Sie?

D. GESUNDHEITSZUSTAND

71 Waren Sie schon mal ernsthaft krank? **

Worum es geht
Wie steht es um Ihre uneingeschränkte gesundheitliche Leistungsfähigkeit?

Tips
Absolute Gesundheit gibt es heutzutage wohl kaum. Lassen Sie trotzdem keine Zweifel daran aufkommen, daß es bei Ihnen keine berufsrelevanten Beeinträchtigungen gibt (Sie sind hier ja nicht beim Arzt; siehe auch Rechtsprobleme des Vorstellungsgesprächs, S. 141f).

Der Arbeitgeber darf sich nur nach aktuellen Erkrankungen erkundigen, die die berufliche Leistungsfähigkeit einschränken. Hier werden sehr häufig die rechtlich zulässigen Frage-Grenzen überschritten – also aufgepaßt! Sollten Sie Zweifel haben, ob Sie ganz gesund sind, fragen Sie Ihren Arzt, aber lassen Sie keine Zweifel im Vorstellungsgespräch aufkommen. Bagatellerkrankungen wie z.B. auch ein kleinerer, jährlich wiederkehrender Heuschnupfen, gehen den Arbeitgeber nichts an.

Frage-Varianten
➤ Bestehen bei Ihnen gesundheitliche Einschränkungen mit beruflichen Auswirkungen?
➤ Gab es Krankenhausaufenthalte/Unfälle, leiden Sie an Allergien?
➤ Waren Sie im letzten Jahr mehr als zweimal beim Arzt?
➤ Haben Sie einen Hausarzt?

72 Leiden Sie unter einer chronischen Erkrankung?

Worum es geht

... liegt auf der Hand: Ihre Gesundheit und der Versuch des Arbeitgebers, Ausfallrisiken zu mildern.

Tips

Erkrankungen, die keine direkte Einschränkung der unmittelbar angebotenen Arbeitskraft darstellen, gehen den Arbeitgeber nichts an. Eine Schwerbehinderung (ab 50% aufwärts) muß allerdings angegeben werden.

Frage-Varianten

➤ Sind Sie gesundheitlich eingeschränkt?

➤ Sind Sie bereits einmal über einen längeren Zeitraum krank gewesen?

73 Treiben Sie Sport?

Worum es geht

Das alte Sprichwort: Gesunder Geist in gesundem Körper. Der Rückschluß liegt nahe: Wer sich sportlich betätigt, ist fitter und weniger ein »Couchpotatoe«. Hinzu kommt, daß die betriebene Sportart immer auch etwas zur Persönlichkeitsbildung beiträgt bzw. aussagt. Marathonlaufen ist eben etwas anderes als Angeln.

Tips

Durch eine interessante Sportart können Sie bestimmte Persönlichkeitszüge hervorragend unterstreichen, illustrieren etc.

Frage-Varianten

➤ Wie halten Sie sich fit?
➤ Was tun Sie für Ihre Gesundheit?

74 Müssen Sie sich um ein krankes/pflege-bedürftiges Familienmitglied kümmern?

Worum es geht
Bestimmt nicht um Mitgefühl. Überpüfung des Absorbiert-heitsgrades und eventueller Ausfallzeiten.

Tips
Das geht Ihren potentiellen neuen Arbeitgeber wirklich nichts an. Also sind Sie von derlei Belastungen frei (s.a. S. 141f). Basta.

Frage-Variante
➤ Gibt es in Ihrer persönlichen/familiären Umgebung Probleme, die Ihren Einsatz/Ihr Engagement erfordern?

E. BERUFLICHE KOMPETENZ UND EIGNUNG

75 Wie gut kennen Sie sich in unserer Branche/in unserem Metier aus? **

Worum es geht

Wie sieht Ihr aktueller Wissensstand aus? Können Sie kompetent mitreden, einschätzen, beurteilen?

Tips

Es gilt das schon mehrfach zum Thema Vorbereitung/Recherche Gesagte. Sollten Sie bei einer dieser Fragen trotz guter Vorbereitung nicht genug Hintergrundwissen haben, bekennen Sie sich dazu. Es macht Sie nicht unsympathisch, wenn Sie in Maßen auch einmal Kenntnislücken zugeben.

Frage-Variante

➤ Wie schätzen Sie die aktuelle (zukünftige) Marktsituation ein?

76 Kennen Sie ... (dieses Verfahren, die Person, die Diskussion etc.)? *

Worum es geht
Test von Informationsstand und Fachwissen bis hin zur Aufforderung, spontan im Gespräch eine »Mini-Arbeitsprobe« abzulegen.

Tips
Hier werden Sie selbst am besten wissen, wie Sie auf diese Fragen zu reagieren und zu antworten haben. Möglicherweise handelt es sich auch um eine Testfrage, mit der man Sie aufs Glatteis führen will, und das XYZ-Verfahren, von dem man suggestiv behauptet, daß Sie es doch sicherlich kennen würden, existiert in Wirklichkeit überhaupt nicht. Also bekennen Sie sich ggf. zum Nichtkennen.

Frage-Varianten
➤ Was ist Ihre Meinung über ...?
➤ Wie beurteilen Sie ...?
➤ Was würden Sie machen, wenn ...?

77 Welche Kongresse, Fachtagungen, Weiterbildungen etc. haben Sie in der letzten Zeit besucht?

Worum es geht
Überprüfung von Engagement, Motivation und Kompetenz in fachlicher Hinsicht.

Tips
Siehe Hinweis zur vorherigen Frage. Eine aktuelle, auch fachwissensbezogene Vorbereitung (in Maßen) zahlt sich hier aus.

Frage-Varianten
➤ Welche Publikation (Fachbuch/Artikel) aus Ihrem Arbeitsgebiet hat Sie in der letzten Zeit besonders beschäftigt?
➤ Welche Fachzeitschriften haben Sie abonniert/lesen Sie regelmäßig?

78 Wie halten Sie sich über berufs-/fachspezifische Entwicklungen und Neuerungen auf dem laufenden?

Worum es geht

Das Weiterbildungsengagement ist in jedem Vorstellungsgespräch ein wichtiger Themenblock und läßt Rückschlüsse zu auf Ihre generelle berufliche Motivationslage und Persönlichkeitsdynamik.

Tips

Vorbereitet sein und wissen, was man anzubieten hat: Notfalls sind es nur Fachzeitschriften und Fachbücher. Besser, Sie nennen zusätzlich auch Seminare, Kongresse und andere Weiterbildungsangebote und Expertengespräche, an denen Sie aktiv teilgenommen haben.

Frage-Variante

➤ Wie bilden Sie sich fort?

79 Welche richtungsweisenden neuen Trends erkennen Sie in Ihrem Arbeitsgebiet?

Worum es geht
Eine Überprüfung Ihrer Fachkompetenz bezogen auf die aktuellen Themen Ihres Arbeitsgebietes.

Tips
Die Vorbereitung auf eine Bewerbung erfordert auch die Berücksichtigung dieses Aspekts. Vielleicht könnten Sie darauf spontan antworten – besser jedoch: Sie durchdenken vor dem Vorstellungsgespräch, was Sie darauf antworten würden. Und noch etwas: Ein Schuß Optimismus sollte zu Ihrer Antwort gehören, egal wie die Lage auch wirklich ist. Also nicht nur Hinweise auf Wegrationalisierung, Downsizing, Kosten- und Konkurrenzdruck, sondern unbedingt auch etwas Optimistisch-Erfreuliches. Wer hier Resignations- und Hoffnungslosigkeitsgefühle vermittelt, darf sich nicht wundern, wenn diese auf ihn selbst zurückfallen.

Frage-Variante
➤ Erzählen Sie uns etwas über die aktuellen Entwicklungen in der X-Branche.

80 Was waren wichtige/weitreichende berufliche Entscheidungen in Ihrer jetzigen Position?

Worum es geht

Können Sie hier und jetzt überzeugend vermitteln, daß Sie ein wirklich hochqualifizierter Kandidat sind, ein gestandener Berufsvertreter Ihres Faches?

Tips

Mit guter Vorbereitung gelingt es Ihnen sicherlich doch mühelos, diese Frage zu beantworten. Unter Einbeziehung der positiven Ergebnisse und Konsequenzen Ihres beruflichen Vorgehens vermitteln Sie abermals Ihre Werbebotschaft in eigener Sache.

Frage-Variante

➤ Wo und wie ist es Ihnen gelungen, in Ihrem Aufgaben- und Arbeitsgebiet Weichen richtig zu stellen?

81 Wie organisieren Sie sich Ihre Arbeit?

Worum es geht
Bleiben Sie hier die Antwort schuldig, oder können Sie angemessen auf so ein komplexes Thema reagieren? Können Sie (unter Umständen sehr komplexe) Arbeitsabläufe systematisch analysieren und effizient organisieren?

Tips
Einige Stichworte: Das wichtigste zuerst/Erkennen und Setzen von Prioritäten/Unwichtiges zurückstellen oder auch delegieren. Sie sollten präpariert sein, konkrete Beispiele aus Ihrem Arbeitsalltag referieren zu können.

Frage-Variante
➤ Schildern Sie uns den Anfang eines typischen Arbeitstages.

82 Aus Ihren Bewerbungsunterlagen geht eigentlich klar hervor, daß Sie über-/unter- qualifiziert für diese Stelle sind – was meinen Sie dazu?

Worum es geht

Wie gehen Sie mit Anwürfen oder Vorwürfen um, wie verhalten Sie sich, wenn Sie »angepiekst« werden?

Tips

Wie bei Fragen nach dem Stil eines Streßinterviews generell: Die Contenance bewahren – es handelt sich vor allem um einen Test, inwieweit Sie gelassen bleiben oder aber auf die gezielte Provokation reinfallen. Alle Einwände gegen Sie sind nicht wirklich realistischer Natur, sondern eher der Versuch, Sie aus der Reserve zu locken. Seien Sie versichert: Wirkliche Einwände gegen Ihre Person teilt man Ihnen leider nicht mit.

Frage-Variante

➤ Folgender Sachverhalt spricht gegen Sie als idealtypischer Kandidat ...

83 Wo stehen Sie nach Meinung Ihres Chefs im Augenblick beruflich?

Worum es geht

Diese schwierige Frage beinhaltet neben der fachlich-persönlichen und beruflichen Statusfrage auch einen Test auf die Beziehung zu Ihrem Vorgesetzten.

Tips

Hier ist mal wieder der goldene Mittelweg angezeigt – zwischen Selbstbeweihräucherung und zu kritischer Würdigung der eigenen beruflichen Situation oder Leistung. Berücksichtigen Sie bei Ihrer Antwort sowohl die fachliche als auch die persönliche Ebene.

Frage-Varianten

➤ Was denkt Ihr Chef über Sie?

➤ Was hält Ihr Chef von Ihnen und Ihrer Arbeitsleistung?

84 Was meinen Sie: Welche persönlichen Eigenschaften/Merkmale sind für eine erfolgreiche Tätigkeit in dieser Position erforderlich? *

Worum es geht
Inwieweit haben Sie das Anforderungsprofil der zu besetzenden Position wirklich erfaßt? Dies läßt wiederum einen Rückschluß auf die Intensität Ihrer Vorbereitung zu.

Tips
Fachlektüre, Gespräche und eine gehörige Portion Selbstreflexion sollte Sie in die Lage versetzen, auf diese Frage ausführlich antworten zu können und dadurch Pluspunkte zu sammeln.

Frage-Variante
➤ Was, glauben Sie, ist wichtig bei der Besetzung dieser Position?

85 Was schätzen Sie: Wie lange brauchen Sie, um sich bei uns in Ihr neues Aufgabengebiet einzuarbeiten? *

Worum es geht

Wie realistisch ist Ihre Selbsteinschätzung, und wie gehen Sie mit kritischen Fragen zu Ihrer Person um?

Tips

Bei dieser Frage wären Hinweise auf Unterstützung und Kooperation durch den Arbeitgeber, durch Fachvorgesetzte und Kollegen angemessen, auf die Sie in der ersten Zeit angewiesen sind. Natürlich haben Sie Defizite, die Sie aber vielleicht jetzt noch nicht ganz überblicken und dank der betrieblichen Unterstützung und Ihres besonderen Einarbeitungsengagements sowie Ihrer Fortbildungsbereitschaft schnellstens beheben werden können. Empfehlung: Bloß nicht kränken oder provozieren lassen.

Frage-Variante

➤ Auf welchem (für uns wichtigen) Gebiet haben Sie noch größere Defizite, und was gedenken Sie dagegen zu tun?

86 Warum sind Sie für uns der/die richtige Kandidat/in? ***

Worum es geht
Abermals ein Test zur Selbsteinschätzung und -darstellung.

Tips
Eine Kurzzusammenfassung der Argumente, die für Sie sprechen, ist jetzt gefordert. Gut, daß Sie darauf vorbereitet sind ... An Argumenten gegen Ihre Person fällt Ihnen höchstens eins ein, maximal anderthalb. Natürlich etwas relativ harmloses, das jeder potentielle Arbeitgeber leicht entkräften könnte. Sie werden doch nicht selbst den Stab über sich brechen.

Frage-Varianten
➤ Können Sie uns noch einmal verdeutlichen: Was spricht für und was gegen Sie als unser Kandidat?

➤ Was wäre Ihr Beitrag zum Unternehmenserfolg?

87 Wenn Sie einen neuen Mitarbeiter für diese Position einzustellen hätten – nach welchen Kriterien würden Sie gehen, nach welchen Eigenschaften suchen? *

Worum es geht

Was hat bei Ihnen Priorität, achten Sie eher auf die fachliche Kompetenz, auf die Anpassungsbereitschaft oder die Leistungsmotivation? Auch hier gilt: jede Aussage ist eine Aussage über Sie ganz persönlich, auch wenn es scheinbar (wie bei dieser Frage) um eine fiktive dritte Person geht.

Tips

Da Sie wissen, worauf es ankommt, ist hier eine gute Gelegenheit, noch einmal Ihre Botschaft – aus einer anderen Blickrichtung natürlich – loszuwerden, und dabei deutlich werden zu lassen, wofür Sie selbst stehen, ohne es so direkt auszusprechen.

Frage-Varianten

➤ Welche Eigenschaften sollte Ihr Vorgesetzter/Vertreter/ Nachfolger haben?

➤ Und welche nicht?

88 Welches Maß an Verantwortung ist genau das richtige für Sie?

Worum es geht

Was trauen Sie sich zu? Wie ist Ihr Selbstwertgefühl entwickelt? Wie reagieren Sie auf solch heikle Fragen?

Tips

Hauptsache, Sie verstummen nicht oder reden »Stuß«. Weder sollte man Angst vor Ihnen bekommen, weil Sie gleich am Chefstuhl sägen, noch sollten Sie den Eindruck vermitteln, daß Sie Angst vor Verantwortung haben.

Frage-Variante

➤ Wie sieht Ihr Ideal-/Traumjob, Ihre Traumaufgabe/-position aus?

89 Haben Sie berufliche Vorbilder?

Worum es geht

Wieder wird über einen Umweg eine Selbstaussage angestrebt. Vorbilder bewirken berufliche und persönliche »Prägungen«, die den Arbeitgeber in seinem offenbar oft schier unermeßlichen Ausforschungsbedürfnis interessieren – frei nach dem Motto: Zeige mir deine Vorbilder, und ich sage dir, wer und wie du bist.

Tips

Mit diesem Hintergrundwissen gut vorbereitet, stellt diese Frage eigentlich keine Hürde dar.

Frage-Variante

➤ Wer hat Sie beruflich beeinflußt/geprägt?

90 Was sind die zwei, drei wichtigsten Dinge für Sie bei der Arbeit?

Worum es geht

Ähnlich wie bei der Mitarbeiterauswahl- bzw. Stellvertreterfrage haben Sie hier die Möglichkeit, durch die Wahl der Prioritäten eine Art Visitenkarte über Ihre Persönlichkeit, Kompetenz und Leistungsmotivation abzugeben.

Tips

Wie schon bei ähnlichen Fragen (z.B. S. 108) erläutert, gilt es hier, die Chance einer optimalen Selbstpräsentation zu nutzen. Wenn Sie wissen, was Ihre (auf die konkrete Position) bezogene Botschaft ist, dann ist jetzt Gelegenheit, Ihr Kommunikationsziel zu erreichen.

Frage-Variante

➤ Was sind Ihre wichtigsten Wünsche, was erwarten Sie von Ihrer Arbeit, Ihrem Arbeitsplatz, Ihrer Aufgabe?

91 Was haben Sie aus Ihren Fehlern gelernt?

Worum es geht
Man will Sie zunächst einmal über Ihre Fehler sprechen lassen und zusehen, wie Sie mit solch heiklen Themen klarkommen.

Tips
Die Auswahl der Fehler, die Sie zugeben, muß wohl bedacht sein (siehe auch Tips zur Frage S. 10). Bleiben Sie ja beim Bereich Arbeitswelt und gehen Sie nicht in die Privatsphäre.

Frage-Variante
➤ Was würden Sie anders machen, wenn Sie noch einmal die Chance dazu hätten?

92 Was hat sich positiv verändert, seitdem Sie Ihre jetzige Position innehaben?

Worum es geht
Können Sie auch auf so eine Frage überzeugend von Erfolgen berichten, oder trifft Sie ein »black out«?

Tips
Wer weiß, was er mitteilen will, hat hier gute Argumente (Episoden) bei der Hand und kann mühelos Werbung in eigener Sache betreiben. Das ist Voraussetzung, wie immer.

Frage-Varianten
➤ Worauf sind Sie stolz, was ist Ihr Erfolg etc.?
➤ (In der Umkehrung) Was hat sich verschlechtert, was war Ihr größter Mißerfolg?

93 Delegieren Sie gern, oder packen Sie lieber selber zu?

Worum es geht
Sind Sie eher kopflastig-theoretisch oder hemdsärmelig-zupackend orientiert? Sind Sie teamorientiert oder Einzelkämpfer? Können Sie Verantwortung abgeben, oder glauben Sie, daß nur Sie allein etwas richtig machen können?

Tips
Abhängig von der Position und Branche ist vielleicht mehr das eine oder das andere von Bedeutung.

Frage-Variante
➤ Sind Sie eher Theoretiker oder Praktiker?

F. INFORMATIONEN FÜR DEN BEWERBER

Früher oder später im Gespräch kommt der Moment, in dem Ihr Gegenüber berichten will, wie es bei ihm in der Firma/Institution zugeht. Das ist eine wichtige Gesprächsphase, in der es vor allem auf Ihre demonstrative Zuhörfähigkeit ankommt – im Psychojargon »aktives Zuhören« genannt.

Worum es geht
Um Selbstdarstellungslust und Imagepflege auf Arbeitgeberseite.

Tips
Hören Sie wirklich aufmerksam zu, unterbrechen Sie nicht leichtfertig, machen Sie einen stark interessierten Eindruck, fragen Sie nach, und eröffnen Sie Ihrem Gegenüber auf diese Weise neue Selbstdarstellungsfelder. Er wird es Ihnen danken.

Häufig steht ein Teil der Informationen für den Bewerber bereits am Anfang des Gesprächs. Dann haben diese u.a. die Funktion, das Gespräch einzuleiten und die Aufregung des Bewerbers abzubauen. Dennoch besteht auch immer mitten im Gespräch die Chance, den Gesprächspartner zur Selbstdarstellung anzuregen und so viele angenehme (Zuhör-)Minuten mit leicht verdienten Sympathiepunkten zu verbringen.

Spätestens in dieser Phase des Gesprächs ist nun auch Ihr Gegenüber in einer Bewerbungsposition, und das Rollenspiel wechselt ein bißchen.

Übrigens: An der Qualität und Quantität des Informationsangebotes und seiner Vermittlung können Sie durchaus das Interesse an Ihrer Person sowie Ihren Stellenwert als Bewerber erkennen.

G. ARBEITSKONDITIONEN

94 Welche Gehaltsvorstellung haben Sie? **

Worum es geht
Das alte Spiel: Der Preis ist heiß. Zahlemann & Söhne.

Tips
Können Sie den Wert Ihrer Arbeitsleistung angemessen einschätzen? In welchem Verhältnis steht Ihre Forderung zu Ihren
jetzigen Bezügen? (s. S. 117).

Frage-Variante
➤ Wie hoch sind Ihre aktuellen Bezüge?

95 Wären Sie bereit, in der Probezeit eine Gehaltsstufe niedriger eingruppiert zu werden?

Worum es geht

Wie flexibel, wie anpassungsbereit sind Sie? Aber auch: kann man Sie leicht runterhandeln, weil Sie selbst nicht davon überzeugt sind, von Anfang an Ihre volle Leistung bringen zu können?

Tips

Je nach Ausgangsposition ist für eine gewisse Startphase eine etwas niedrigere Gehaltsgruppe nichts Ehrenrühriges. Aber machen Sie gleich schriftlich fest, daß Sie nach einem genau abgestimmten Zeitraum eine angemessene Entlohnung bekommen. Gehen Sie keinesfalls zu schnell auf solche Angebote ein. Das kann nur gegen Sie ausgelegt werden.

Frage-Variante

➤ Machen Sie uns ein Angebot bezogen auf Ihr Einstiegsgehalt.

96 Wie flexibel sind Sie bezüglich Arbeits-vergütung, Arbeitszeit, Arbeitsort oder Aufgabengebiet? *

Worum es geht
Um Ihre Bereitschaft, sich anzupassen, um Ihre Flexibilität. Was sind Sie bereit aufzugeben, um diesen Job zu bekommen? Dies ist auch eine Motivationsfrage, immer unter Berücksichtigung Ihrer Ausgangsposition.

Tips
Flexibilität schön und gut – aber wer sich nicht selbst treu bleibt, verspielt auch jede Menge Ansehen. Bei zu großen und vor allem zu schnellen Kompromissen ruinieren Sie Ihr Image.

Frage-Variante
➤ Wie weit können Sie uns entgegenkommen, in Bezug auf ...?

97 Wann könnten Sie bei uns anfangen? **

Worum es geht

Wie integer sind Sie, wie loyal Ihrem alten Arbeitgeber gegenüber? Wie weit lassen Sie sich unter Druck setzen und manipulieren?

Tips

Tappen Sie nicht in die Loyalitätsfalle, auch wenn Ihnen viel an diesem neuen Job liegt. Sie verlassen Ihren alten Arbeitsplatz nicht Hals über Kopf und laufen nicht einfach davon, weder jetzt bei Ihrem alten, noch später bei dem neuen Arbeitgeber. Die vertraglichen und arbeitsrechtlichen Spielregeln sind allgemein bekannt. Trotzdem: Gegen eventuelle Sondierungsgespräche mit Ihrem alten Arbeitgeber bezüglich eines früheren Austrittstermins ist nichts zu sagen.

Frage-Variante

➤ Wenn wir uns für Sie entscheiden, brauchen wir Sie sofort. Ist das möglich?

Eventuell außerdem noch Besprechung der folgenden Themen:

Kündigungsfristen; Kompetenzen und Vollmachten; Urlaubsregelung; Geheimhaltungspflichten; Konkurrenz-/Wettbewerbsschutz; Nebenbeschäftigung; Vertragsänderungen; sonstige Abmachungen und Sondervereinbarungen wie z.B. Dienstwagen, Altersversorgung, Umzugskosten, Trennungsentschädigung, Reisekostenvergütung, Unfallversicherung, Sonderzahlungen bei längerer Erkrankung etc.

H. FRAGEN DES BEWERBERS

98 Haben Sie Fragen an uns? ***

Worum es geht

In jedem Vorstellungsgespräch gibt es einen programmierten Rollenwechsel, in der Art, daß Sie als Bewerber nun Fragen stellen dürfen, die Ihr Gesprächspartner beantworten wird. An den klugen Fragen erkennt man einen klugen Kopf, einen motivierten und kompetenten Bewerber. Was Sie jetzt wissen wollen, wird hinterfragt und auf Sinngehalt und aktives Interesse hin überprüft.

Tips

Sollten Sie mit Themen auffallen, die Sie eigentlich im Vorfeld hätten klären können oder durch aufmerksames Zuhören an einer anderen Stelle des Gesprächs längst hätten speichern müssen, erzielen Sie einen negativen Effekt.

Frage-Variante

➤ Was soll ich Ihnen über unser Unternehmen erzählen?

Frage-Varianten (diesmal für Sie!)

➤ Ist diese Position/dieser Arbeitsplatz neu geschaffen worden oder seit längerem fester Bestandteil in Ihrem Unternehmen?

➤ Wer hat diese Aufgabe bisher wahrgenommen?

➤ Mit welchem Erfolg, was gab es für Probleme?

➤ Warum ist der Arbeitsplatz frei geworden?

➤ Was macht der ehemalige Stelleninhaber jetzt?

➤ Haben Sie eine detaillierte Stellenbeschreibung, darf ich die sehen, mitnehmen?

➤ Gibt es ein Organigramm (Organisationsplan), in dem der ausgeschriebene Arbeitsplatz dargestellt wird?

➤ Mit welchen Personen, Abteilungen werde ich zusammenarbeiten?

➤ Welche speziellen Erwartungen haben Sie an den neuen Stelleninhaber?

➤ Was, meinen Sie, sollte dieser als erstes tun, was ist das Wichtigste?

➤ Ist die Möglichkeit gegeben, die neuen Kolleginnen und Kollegen, mit denen ich zusammenarbeiten würde, vorab kennenzulernen?

➤ Welchen beruflichen Hintergrund haben die zukünftigen Kollegen, Vorgesetzten?

➤ Wie ist die Einarbeitungsphase geplant? (Ansprechpartner, Programm, auch: wo und wie lange?)

➤ Welche späteren Entwicklungsmöglichkeiten gibt es für mich von dieser Position aus?

➤ Welche Fort- und Weiterbildungsangebote gibt es in Ihrem Unternehmen?

➤ In Ihrer Anzeige (in Ihren Unterlagen) schreiben Sie … Was verstehen Sie darunter?

➤ Welche aktuellen Vorhaben stehen in Ihrem Hause an?

➤ Welche Probleme in Ihrem Unternehmen/in Ihrer Abteilung bedrücken Sie am meisten?

ABSCHLUSS DES GESPRÄCHS UND VERABSCHIEDUNG

99 Warum sollten wir gerade Ihnen den Arbeitsplatz geben? **

Worum es geht

Wie auch in der Gesprächsphase C (Zu Ihrer Person) erläutert, geht es in dieser typischen Abrundungs- und Abschlußphase noch einmal um positive Eigenschaften, um Verkaufsargumente, die Sie in prägnanter Weise charakterisieren und vor allem einen beeindruckenden Bezug zum angestrebten Arbeitsplatz herstellen sollen.

Tips

Diese Aufforderung können Sie gut benutzen, um noch einmal die wichtigsten Argumente für Ihre Person und Bewerbung zusammenfassend vorzutragen (im Stil etwa: 1. ..., 2. ..., 3. ...). Achtung: eventuell handelt es sich um eine Wiederholungsfrage!

Frage-Variante

➤ Können Sie bitte noch einmal kurz zusammenfassen, was Ihre Stärken, aber auch Ihre Schwächen sind?

100 Was machen Sie, wenn Sie den Arbeitsplatz bei uns nicht bekommen, wenn wir uns für einen anderen Bewerber entscheiden? *

Worum es geht

Ein erneuter Motivationstest, wie wichtig diese aktuelle Bewerbung für Sie ist. Auch: Wie verarbeiten Sie Frustrationen, und inwieweit zeigen Sie dies? Überhaupt: Wie reagieren Sie, wenn Sie »angepiekst« werden?

Tips

Weder wären Sie völlig zerknirscht oder am Boden zerstört, noch heilfroh und glücklich, wenn Ihnen dieser Job erspart bliebe. Bringen Sie zum Ausdruck, daß Sie eine Entscheidung gegen Sie als Kandidat bedauern, aber akzeptieren würden (was bleibt Ihnen auch übrig!). Sie sind – wie auch immer – derzeit gut verankert und keinesfalls auf den neuen Arbeitsplatz absolut angewiesen.

Frage-Varianten

➤ Haben Sie zur Zeit noch andere Bewerbungsverfahren laufen?

➤ Wie nötig brauchen Sie einen neuen Job?

Worauf es in der Abschlußphase des Gesprächs ankommt

Zum Schluß geht es um den Versuch eines angenehmen »Abgangs«, wobei auf Arbeitgeberseite meist auch der Aspekt der Imagepflege eine Rolle spielt. Man wird sich bei Ihnen für den Besuch, die Bewerbung und das gezeigte Interesse bedanken. Das sollten Sie dann ebenfalls tun.

Wichtig ist nun eine Klärung, wie es weitergeht, wer voraussichtlich wann zu einer Entscheidung gelangt. Dies muß jedoch Ihrerseits ohne Bedrängung, Ungeduld oder gar Verzweiflung vorgetragen werden.

Ihre mögliche Frage wäre also:
»Was meinen Sie, wie sollten wir verbleiben? Soll ich Sie anrufen – sagen wir in einer Woche –, oder melden Sie sich, bekomme ich Nachricht von Ihnen?«

Noch ein Hinweis: »Keep smiling«. Beim Rausgehen sollten Sie vor der Bürotür auf jeden Fall die Contenance bewahren. Lassen Sie die Tür möglichst nicht zuknallen; bitte atmen Sie nicht erleichtert auf (und wenn, dann nur ganz leise ...), lassen Sie sich nicht zu Flüchen hinreißen, gegen wen auch immer, und gehen Sie unbedingt auch weiterhin aufrecht ...

SPEZIALFRAGEN
an Frauen, Azubis, Hochschulabsolventen, Arbeitslose und Führungskräfte

Nun einige Spezialfragen an besondere Bewerbergruppen. Leider sehen sich Frauen beim Vorstellungsgespräch immer noch häufig mit speziellen Vorbehalten, Vorurteilen und daraus resultierenden Fragen konfrontiert. Dazu eine gesonderte Fragenübersicht.

Fragen an Frauen
oder: vom Umgang mit Männervorurteilen

Über 50% der Frauen im Alter zwischen 15 und 65 Jahren sind in Deutschland berufstätig. In Spitzenpositionen der Wirtschaft, Industrie und Handel findet man dagegen nicht einmal sechs Prozent von ihnen. Selbst im öffentlichen Dienst ist die Quotierung nicht viel besser. Die Vorstellungsgespräche leiten in der Regel Männer.

Bei Vorstellungsgesprächen mit Bewerberinnen stehen die Themen Motivation, Kompetenz und Persönlichkeit noch deutlicher im Vordergrund. Die entsprechenden generellen Fragen haben wir Ihnen ja bereits vorgestellt.
Was wollen, was können Sie, und trauen Sie sich diese Aufgabe wirklich zu? – ist der möglicherweise skeptische Unterton von Männerseite. Nicht selten kommt es sogar zu dem Versuch des Fragen- (und Fallen-)stellers, Ihnen die ganze Bewerbung um den Arbeitsplatz, den Job auszureden. Ein übler Motivationstest! Mit welchen speziellen Fragen muß frau rechnen?

➤ **Warum sollten wir uns gerade für Sie entscheiden?**

Hier haben Sie nochmals Gelegenheit, Ihre überzeugende Argumentation zusammenzufassen. Spätestens mit der Frage:

➤ **Was sagt denn Ihre Familie dazu (Partner/Kinder, so Sie welche haben)?**

wird sicherlich die spezifische »Frauenfragerunde« eingeläutet. (Hören Sie diesen sehr schwer zu beschreibenden Unterton in dem Männer-Fragesatz?)

> **Wie regeln Sie das mit den Kindern (sofern Sie welche ha-
> ben, die noch zu versorgen sind) …? Oder den Haushalt …?**

Und wenn Sie ledig sind, aber »im heirats- und gebärfähigen
Alter«, kommt es knüppeldick. Fragen wie …

> **Wie stellen Sie sich Ihre Zukunft vor?**
> **Wie sieht Ihr Lebensplan aus?**

haben noch einen etwas anderen Hintergrund für Sie als Bewerberin. Klar: Es geht um die Themen Heirat und Kinderkrie-
gen.
Bleiben Sie cool – lassen Sie sich nicht provozieren – denn das
ist es, was mann unter anderem will: Sie aus der Fassung bringen und hysterisch ausflippen sehen. Da Sie dies aber längst
durchschaut haben und über eine ungeheure Sozialkompetenz
verfügen (die vielen Männern nicht geheuer ist!), bewältigen
Sie diesen Teil des Frage-und-Antwort-Spiels mit Charme und
ggf. Vergebung.

Weiter geht's mit Fragen in der Richtung:

> **Familie oder Beruf? Wie kommt's, wie ist's, wie geht's bei Ih-
> nen …?**

Besonders Frauen werden im Vorstellungsgespräch häufig mit
unzulässigen Fragen konfrontiert. Schwangerschaft, Partnerbe-
ziehung und Familienleben gehen den Arbeitgeber – wie dar-
gelegt – absolut nichts an (vgl. S. 141f).

Typische Beispiele dafür sind:

> **Erzählen Sie etwas über Ihre aktuelle Lebenssituation.**
> **Wie sind Ihre Kinder versorgt, während Sie arbeiten?**
> **Wie sieht Ihre Familienplanung aus?**

Worum es geht

Der Arbeitgeber befürchtet ökonomische Einbußen infolge von Fehlzeiten (aufgrund von Schwangerschaft, Krankheiten der Kinder etc.) der potentiellen Arbeitnehmerin. Eine andere Variante: Falls Sie einen Mann haben, der viel Geld verdient, wird Ihnen schnell mangelnde Arbeitsmotivation unterstellt.

Tips

Vorsicht! Die Frage zur aktuellen Lebenssituation, im Klartext: ob und mit wem Sie zusammenleben, geht den neuen Arbeitgeber nichts an. In der Regel jedoch wird danach gefragt. Ehefrau und drei reizende Kinder sind für einen männlichen Kandidaten ein gutes Aushängeschild. Bei Frauen kann mittels dieser Frage die entscheidende Weiche für eine Absage gestellt werden. Seien Sie sehr, sehr gut vorbereitet, und stellen Sie unmißverständlich klar, daß Ihre Kinder während Ihrer beruflich bedingten Abwesenheit hervorragend betreut sind.

Anfragen nach der Familienplanung und nach einer bestehenden Schwangerschaft sind prinzipiell verboten. Hier dürfen Sie ungestraft lügen. Diese Fragen sind nicht (mehr) zulässig:

Nach einem Urteil des Europäischen Gerichtshofs vom 8.11.1990 (Rs. C – 177/88) ist die Frage nach einer Schwangerschaft selbst dann unzulässig, wenn sich nur Frauen für den Arbeitsplatz bewerben. Diese Entscheidung hat bindende Wirkung. Damit ist jetzt diese Frage nur noch für Stellen zulässig, die eine schwangere Frau gar nicht antreten könnte (z.B. als Mannequin oder Schauspielerin).

Ob Sie in absehbarer Zeit Kinder haben möchten oder wie Ihre Familienplanung überhaupt aussieht, sind ebenfalls unzulässige Fragen, die in Ihre Intimsphäre eingreifen. Also dürfen Sie auch hier so antworten, wie es für Sie vorteilhaft ist (Ihr Recht auf Lüge, s. S. 141f).

➤ **Was sagt Ihr Lebenspartner zu Ihren Plänen?**
➤ **Wie können Sie Beruf und Familie miteinander vereinbaren?**

Worum es geht
Welche Unterstützung haben Sie, bzw. mit welchen Schwierigkeiten sind Sie zu Hause konfrontiert?

Tips
Für Bewerberinnen ist dies eine Frage, bei der die Antwort gut bedacht sein sollte. Frauen mit Kindern brauchen einen Mann, der hundertprozentig hinter den beruflichen Plänen seiner Partnerin steht, und sollten ihn auf jeden Fall als solchen darstellen, damit der potentielle neue Arbeitgeber nicht daran zweifelt, daß der Partner im Notfall auch für die Kinder dasein wird. Die Realität lehrt jedoch, daß letztendlich meistens alles an den Frauen hängenbleibt. Nicht nur bei Alleinerziehenden.

Aber auch für Bewerberinnen ohne Kinder kann die Frage nach der Einstellung des Partners zu Ihrer Berufstätigkeit eine Falle sein: Inwieweit würde der Partner beruflich zurückstecken, um seiner Frau eine Karriere zu ermöglichen? Ebenfalls nicht zu unterschätzen: Was würde bei einem berufsbedingten Ortswechsel des Partners passieren? Denn auch wenn sich eine Trendwende abzeichnet – noch immer geben viele Frauen ihren Arbeitsplatz auf, wenn der Ehemann sich beruflich verändert. Im umgekehrten Fall ...

➤ **Wollen Sie sich wirklich beruflich engagieren, oder ...?**

Worum es geht
Klassisches männliches Vorurteil (»Meinen Sie es wirklich ernst, und wie ernst meinen Sie es?« – Stichwort Angst ...).

Tips
Eine Frage, die einem Mann so wohl nie gestellt würde, aber eventuell Ihnen als Bewerberin. Männer als Entscheidungsträger in einem Unternehmen neigen dazu, lediglich zwei Kategorien von Mitarbeiterinnen zu kennen: diejenigen, die aus purem Vergnügen nur ein bißchen dazuverdienen wollen und die man nicht recht ernstzunehmen braucht, und dann diejenigen, die »richtig« Karriere machen wollen und vor denen man sich wirklich in acht nehmen muß, weil sie für das eigene Fortkommen und Machtstreben gefährlich werden könnten.

PS: In dieser Männerperspektive gibt es noch eine dritte Kategorie: Frauen, die alles falsch machen (in der Ehe und im Straßenverkehr, »Frau am Steuer« ...).

Wenn Sie sich während des Gesprächs durch die Frage nach Ihrem »wahren« beruflichen Engagement in die Enge getrieben sehen, heißt das oberste Gebot: cool bleiben. Was auch immer Sie sagen – es könnte zu Ihrem Nachteil ausgelegt werden. Deshalb gibt es dafür überhaupt kein Patentrezept, Sie müssen einfach situationsbedingt reagieren und versuchen, die Bedenken Ihres Gegenübers zu zerstreuen.

➤ Sind Ihre Kinder öfter krank?

Worum es geht
Nicht die altruistische Sorge um die Gesundheit Ihrer Kinder, sondern die egoistische Sorge um Ausfallzeiten und damit Kosten beschäftigt hier den Arbeitgeber.

Tips
Ihre Kinder haben Gott sei Dank die einschlägigen Krankheiten (und auch die Zähnchen) schon hinter sich. Und Sorgen (Schule, Hasch) – alles kein Problem bei Ihnen zu Hause, weil alles prima organisiert und in bester Ordnung ist. Jedoch Vorsicht vor zu glatter Darstellung und dem Neid, den mann Ihnen entgegenbringen könnte.

Aber nicht nur Frauen sehen sich mit ganz speziellen Fragen konfrontiert. Auch Azubis, Arbeitslose und Führungskräfte müssen sich mit besonderen Fragen auseinandersetzen. Die Spezialfragen an diese Zielgruppen folgen deshalb jetzt in einer Übersicht:

Fragen an Azubis

➤ Warum bewerben Sie sich für diesen Beruf/diese Ausbildung? (Die wichtigste Frage im ganzen Gespräch!)

➤ Wie sind Sie darauf gekommen, und seit wann interessieren Sie sich für diesen Beruf?

➤ Welche Vor- und Nachteile sehen Sie an diesem Beruf?

➤ In welchen Schulfächern haben Sie gute und in welchen schlechte Noten und warum?

➤ Wie sind Sie mit Lehrern und Mitschülern ausgekommen?

➤ Welche praktische Erfahrungen haben Sie bisher gesammelt?

➤ Haben Sie einen Freund/eine Freundin? Wollen Sie heiraten?

➤ Welche tagespolitischen Ereignisse beschäftigen Sie?

➤ Wie könnte man die Arbeitslosigkeit abbauen?

➤ Wie stehen Sie zum Problem der Atomenergie?

Fragen an Hochschulabsolventen

➤ Warum entscheiden Sie sich jetzt für diesen Beruf/diese Fachrichtung?

➤ Haben Sie mit unserem Unternehmen/unserer Institution/Branche während Ihres Studiums Erfahrungen gemacht?

➤ Gibt es sonstige Berührungspunkte?

➤ Welche anderen beruflichen Interessenschwerpunkte haben Sie?

➤ Auf welche berufsrelevanten Leistungen in Ihrem bisherigen Leben bzw. Werdegang sind Sie stolz?

➤ Wie sehen Sie Ihre Zukunft?

➤ Wie sah Ihr Ausbildungsgang aus?

➤ Aus welchen Gründen haben Sie sich für das Studium ... entschieden?

➤ Welche Schwerpunkte/Praktika etc. haben Sie gewählt und warum?

➤ Wie war es für Sie an der Universität?

➤ Sind Sie mit Ihren universitären Leistungen zufrieden?

➤ Rückblickend auf Ihre Ausbildung: Was sehen Sie kritisch, was würden Sie ändern wollen?

➤ Was für andere Fähigkeiten als die jetzt für diesen Beruf relevanten haben Sie sich noch zusätzlich angeeignet?

➤ Was würden Sie jetzt noch gern studieren?

➤ Würden Sie das gleiche Fach noch einmal studieren?

➤ Welche Erfahrungen mit der Berufswelt haben Sie bereits gemacht?

➤ Wie haben Sie Ihr Studium finanziert?

➤ Wie lange haben Sie studiert und warum?

➤ Warum promovieren Sie (nicht)?

➤ Was machen Ihre Eltern (und ggf. Geschwister) beruflich?

➤ Wie stellen Sie sich Ihre familiäre Zukunft vor?

➤ Mit was für Menschen sind Sie gerne zusammen?

- ➤ Was machen Sie lieber zusammen mit anderen/was lieber alleine?
- ➤ Warum haben Sie an der XY-Uni studiert, wo doch die Experten auf dem Gebiet ... da bzw. dort sind?
- ➤ Welche besonderen Studien- und Ausbildungsschwerpunkte haben Sie sich selbst gesetzt und warum?
- ➤ Wie sind Sie zu dem Thema Ihrer Diplomarbeit gekommen?
- ➤ Stellen Sie uns bitte einmal kurz die Ergebnisse Ihrer Diplomarbeit dar.
- ➤ Mit welchen Fachbüchern/-artikeln/-problemen haben Sie sich in letzter Zeit intensiver beschäftigt?
- ➤ Stimmen Sie uns zu: Sie müssen noch sehr viel lernen?
- ➤ Auf welchem Gebiet haben Sie noch große Defizite? Was denken Sie dagegen zu tun?

Fragen an Arbeitslose

➤ Wie kam es zu der Arbeitslosigkeit?

➤ Wie lange dauert diese Arbeitslosigkeit bereits an? Wie oft haben Sie sich schon erfolglos beworben?

➤ Was haben Sie zwischenzeitlich gemacht?

➤ Sind Sie förderungsberechtigt durch das Arbeitsamt?

➤ Trauen Sie sich die Aufgabe wirklich zu?

Fragen an Führungskräfte

➤ Was bedeutet Mitarbeiterführung?

➤ Wie definieren Sie die Hauptaufgaben einer Führungskraft?

➤ Welchen Führungsstil bevorzugen Sie?

➤ Was schätzen Sie: Wie lange brauchen Sie zur Einarbeitung in Ihr neues Arbeitsgebiet bei uns?

➤ Auf welchem Gebiet haben Sie noch größere Defizite, und was gedenken Sie dagegen zu tun?

➤ Was sind Ihre ganz persönlichen Lebensziele?

➤ Was möchten Sie persönlich für sich in naher/ferner Zukunft erreichen?

➤ Zurück in die Gegenwart: Welche Eigenschaften sollte Ihr potentieller Nachfolger für Ihren alten Arbeitsplatz haben?

➤ Ganz allgemein: Welche Eigenschaften sollte Ihr Stellvertreter haben?

➤ Was zeichnet Ihrer Meinung nach eine gute Führungskraft aus?

➤ Was einen guten Vorgesetzten?

➤ Was einen guten Mitarbeiter?

➤ Was schätzen Sie an Ihren Arbeitskollegen/Vorgesetzten – was nicht?

➤ Worin unterscheiden Sie sich Ihrer Meinung nach von Ihrem jetzigen Vorgesetzten?

➤ Wie bereiten Sie Ihre Mitarbeiter auf die Übernahme von mehr Verantwortung vor?

➤ Wie sind Sie selbst darauf vorbereitet worden?

ZUSAMMENFASSUNG

Das ganze Fragenrepertoire und die Hintergünde – auf den Punkt gebracht

Am Vorstellungsgespräch führt kein Weg vorbei. Wie es aber konkret abläuft, liegt auch mit in Ihrer Hand. Sie können den Gesprächsverlauf beeinflussen, ja wesentlich bestimmen.

Beweis: Wetten, daß ein relativ ausgefallenes Hobby wie z.B. Fallschirmspringen, das Sie in Ihrem Lebenslauf erwähnt haben, Ihr Gegenüber mit an Sicherheit grenzender Wahrscheinlichkeit veranlaßt, mehr darüber von Ihnen erfahren zu wollen?

Auch wenn dies ein wenig konstruiert klingen mag, es geht uns darum, Ihnen zu verdeutlichen, daß ein Teil der Fragen im Vorstellungsgespräch sich von Ihren Angaben im Bewerbungsanschreiben, im Lebenslauf und den Anlagen (z.B. Arbeitszeugnissen) ableiten läßt.

Die Tatsache im Lebenslauf beispielsweise, daß Sie Ihre beiden vorletzten Arbeitgeber jeweils bereits nach einem dreiviertel Jahr wieder verlassen haben, wird unweigerlich intensiveres Nachfragen provozieren.

Mit anderen Worten: Die Art und Weise, wie Sie antworten, wie glaubwürdig und nachvollziehbar Sie sich darstellen, was Sie wie ausführlich und in welchem Stil mitteilen, hat einen deutlichen Einfluß auf den weiteren Verlauf des Gesprächs.

Abgesehen von der Begrüßungs- und Verabschiedungsphase kann selbstverständlich die Reihenfolge der Themen variieren. Auch müssen nicht gleich beim ersten Vorstellungsgespräch alle Fragen und jedes Detail ausführlich behandelt werden (wie z.B. Arbeitskonditionen).

Die hier in diesem Buch vermittelte Übersicht gibt Ihnen jedoch einen optimalen Eindruck, welche Themen insgesamt auf Sie zukommen können, und informiert Sie, welches Fragenrepertoire Personalchefs heutzutage draufhaben, welche Fragen Ihnen also im einzelnen gestellt werden können.

Sehr wichtig war uns, Sie mit dem eigentlichen Hintergrund der einzelnen Fragen vertraut zu machen, der sich – insbesondere in der Streßsituation Vorstellungespräch – nicht auf den ersten Blick erschließt.
So klingt z. B. die aufmunternde Aufforderung »Erzählen Sie doch mal etwas über sich« wie eine Einladung zum harmlos-lockeren Partygeplauder. In Wirklichkeit steckt dahinter ein komplexer Persönlichkeitstest, ein »Einbruchsversuch« in Ihre Privatsphäre, der Wunsch, Ihre Seelenlandschaft auszuforschen.
Unsere Tips und Hinweise sind keine Antwortvorgaben oder gar konkrete Formulierungsvorschläge, sondern sollen Chancen und Gefahren einzelner Beantwortungsmöglichkeiten verdeutlichen. Sie können Ihr Bemühen, zu jeder Frage jeweils Ihre ganz persönliche Antwortstrategie zu entwickeln, nicht ersetzen.
Für die hier vorgestellten rund 100 entscheidenden Fragen gilt: Nicht alle können Ihnen in einem ersten Gespräch gestellt werden. Rechnen Sie mit einer Auswahl von etwa zehn bis zwanzig Fragen. Sie wissen aber nach dem Studium unseres umfassenden Fragenkatalogs, was potentiell auf Sie zukommen kann, und können sich entsprechend vorbereiten. Böse Überraschungen sind somit ausgeschlossen, Angst und Aufregung wirksam reduziert.

Verdeutlichen Sie sich noch einmal, was die beiden Königsfragen in jedem Vorstellungsgespräch sind:

1. Warum bewerben Sie sich bei uns? und

2. Was können Sie für uns tun?

Die alles entscheidende Frage, die sich auch hinter diesen beiden Königsfragen verbirgt, ist der Wunsch, Sie kennenzulernen, wissen zu wollen ...

Wer sind Sie?

Diese, natürlich nie so klar und deutlich ausgesprochene Frage interessiert Ihr Gegenüber, den Entscheidungträger, über alle Maßen. Sie soll beim Beurteilungs- und Entscheidungsprozeß dazu dienen, herauszufinden, ob man Sie will oder nicht, ob Sie zum Unternehmen passen oder eben nicht.
Eigentlich verständlich. Sie würden wohl in der Position ihres Gegenübers sich ganz genauso verhalten und haben als Bewerber und damit Ihren ganz persönlichen Karrierewünschen verpflichtet, sich ebenfalls ein Urteil zu bilden – über das Unternehmen.

Aber nicht nur die klare Beantwortung dieser drei absolut wichtigen Fragen ist Ihre Aufgabe, sondern bei der Vorbereitung müssen Sie für sich zunächst einmal die folgenden Fragen klären:

Welches Kommunikationsziel verfolgen Sie?

Was ist Ihre Botschaft, und wie vermitteln Sie diese?

Wie argumentieren Sie?

Die richtige Vorbereitung dieser drei wichtigen Fragen, die ja Ihr persönliches, wichtiges Anliegen spiegeln, sowie die drei Königsfragen auf der Auswählerseite bestimmen den erfolgreichen Ablauf Ihres Vorstellungsgesprächs.

Ohne Zweifel befinden Sie sich als Bewerber im Vorstellungsgespräch auf dem Prüfstand – die andere Seite aber auch. Sie müssen sorgfältig prüfen, ob Sie für diesen Arbeitgeber überhaupt wirklich arbeiten wollen und können. Ihre Lebenszeit und Ihre Energie sind begrenzt, Sie haben schließlich nichts zu verschenken.

Und noch etwas ist ganz wichtig für Sie zu wissen:

IHR RECHT AUF LÜGE

So wie der Gesetzgeber den Begriff Notwehr kennt, existiert für das Bundesarbeitsgericht der Sachverhalt der Notlüge. Darunter ist zu verstehen, daß bestimmte Fragen im Vorstellungsgespräch, z.B. nach der Zugehörigkeit zu einer politischen Partei, nicht wahrheitsgemäß beantwortet werden müssen, wenn der Bewerber davon ausgehen muß, daß von einer bestimmten Antworttendenz die Vergabe des Arbeitsplatzes abhängen könnte.

Bestimmte Fragen und Themen dürfen im Bewerbungsverfahren gar nicht erst behandelt werden. Es sind nur solche Fragen erlaubt, die »arbeitsbezogen« sind, d.h. die mit dem zu besetzenden Arbeitsplatz in direktem Zusammenhang stehen.

Unzulässig ist die Ausforschung der politischen Meinung ebenso wie Fragen nach (auch früherem!) gewerkschaftlichem Engagement oder nach Privatplänen in puncto Heiraten, Familienplanung, Freizeitgestaltung und Hobbys. Frühere Krankheiten und die Frage nach einer Schwangerschaft sollten genauso tabu sein wie die Frage nach den Berufen von Lebenspartnern (oder anderen Personen, z.B. Eltern, Geschwistern) sowie nach den privaten Vermögensverhältnissen (eventuell Schulden).

»Verboten sind außerdem Fragen nach Vorstrafen, soweit ganz allgemein gefragt wird, also nicht nur nach solchen Vorstrafen, die ›einschlägig‹ sind; unzulässig ist dann konsequenterweise auch das Verlangen, ein polizeiliches Führungszeugnis vorzulegen, nicht statthaft sind schließlich Fragen nach laufenden Ermittlungsverfahren.

Unzulässig ist auch (s.o.) die Frage nach der früheren Arbeits-vergütung (sie dient ja u.a. dazu, eventuell Lohnansprüche des Bewerbers zu dämpfen); zulässig ist diese Frage jedoch dann, wenn sich daraus für die konkret in Aussicht genommene Tätig-keit Folgerungen ziehen lassen, z.b. wenn die Höhe der Vergü-tung Rückschlüsse auf die mit der früheren Tätigkeit verbun-dene Verantwortung ermöglicht, und die in Aussicht genom-mene Position ebenfalls besonders verantwortliche Aufgaben mit sich bringt.

Beantwortet der Bewerber eine unzulässige Frage falsch, so hat dies für die Wirksamkeit des Arbeitsvertrages keinerlei nach-teilige Folgen. Dies ist zwangsläufig die Konsequenz des einge-schränkten Fragerechts des Arbeitgebers. Denn das bloße Recht, die Antwort zu verweigern, würde dem Bewerber nichts nützen; hier wäre keine Antwort eben auch eine Antwort. Lassen sich Tatsachen, die der Bewerber nicht anzugeben braucht, aus dem Lebenslauf erschließen, so darf der Bewerber den Lebenslauf in-soweit ›normalisieren‹.« (E. Stevens-Bartol, Bewerbung, Ein-stellung, Vertragsschluß. München 1990, S. 18f.)

In der Alltagsbewerbungssituation ist es aber leider so, daß na-hezu jeder Arbeitgeber unzulässige Fragen an die Bewerber stellt. Wohnsituation, Privatbeziehungen, Heiratsabsichten, Fa-milienplanung, Gesundheitszustand, frühere Erkrankungen: Durch seinen Eingriff in die per Grundgesetz geschützte Pri-vatsphäre des Arbeitsuchenden löst er bei diesem einen nicht zu unterschätzenden Gewissenskonflikt aus, dem mit dem Not-wehrrecht auf Lüge Rechnung getragen wird.

Bei aller notwendigen Anpassungsleistung im Vorstellungsge-spräch vergessen Sie bitte nie:

Wir sind nicht auf der Welt, um so zu sein, wie andere uns ha-ben wollen.

- **aktuelle Information zu Berufseinstieg und Karriere**
- **Überblickswissen für eine sich rasant wandelnde Arbeitswelt**
- **die Essenz der erfolgreichen Eichborn-Ratgeber**

**SCHULE,
STUDIUM,
BERUF:**Eichborn.

Jürgen Hesse
Hans Christian Schrader
**Orientierungstests
für Schulabgänger**
ISBN 3-8218-1540-X

Jürgen Hesse
Hans Christian Schrader
**Die 100 häufigsten Fragen
im Vorstellungsgespräch**
ISBN 3-8218-1542-6

Jürgen Hesse
Hans Christian Schrader
**Das perfekte
Arbeitszeugnis**
ISBN 3-8218-1541-8

Jürgen Hesse
Hans Christian Schrader
Testtraining Logik
ISBN 3-8218-1538-8

Dieter Herrmann
Angela Verse-Herrmann
**So finanziere ich
mein Hochschulstudium**
ISBN 3-8218-1421-7

Dieter Herrmann
Angela Verse-Herrmann
Der Hochschul-Test
ISBN 3-8218-1420-9

**SCHULE,
STUDIUM,
BERUF:**Eichborn.
Die individuellen Ratgeber
für **Ausbildung** & **Karriere**